Wir Gutkrieger

Eric Chauvistré, geboren 1965, promovierte nach dem Studium der Politologie und der Internationalen Beziehungen in Berlin und Canberra über Nuklearrüstung und militärische Interventionen. Er arbeitete als Korrespondent und Redakteur unter anderem für Reuters, die *taz* sowie das ZDF. Zuvor war er wissenschaftlicher Mitarbeiter an mehreren Konfliktforschungsinstituten und veröffentlichte zahlreiche Artikel zu außenpolitischen Themen in deutschen und internationalen Fachzeitschriften. Heute arbeitet er als freier Journalist und Autor in Berlin.

Eric Chauvistré

Wir Gutkrieger

**Warum die Bundeswehr im Ausland
scheitern wird**

Campus Verlag
Frankfurt/New York

Bibliografische Information der Deutschen Nationalbibliothek.
Die Deutsche Nationalbibliothek verzeichnet diese Publikation in der
Deutschen Nationalbibliografie. Detaillierte bibliografische Daten
sind im Internet unter http://dnb.d-nb.de abrufbar.
ISBN 978-3-593-38788-8

Copyright © 2009 Campus Verlag GmbH, Frankfurt am Main
Umschlaggestaltung: Hißmann, Heilmann, Hamburg
Umschlagmotiv: © Peter Endig/dpa
Satz: Campus Verlag, Frankfurt am Main
Druck und Bindung: Freiburger Graphische Betriebe
Gedruckt auf säurefreiem und chlorfrei gebleichtem Papier.
Printed in Germany

Besuchen Sie uns im Internet: www.campus.de

Für Noam

Inhalt

1. Bedingt kriegsbereit

»Neuer Anschlag auf Bundeswehr«,[1] »Tote an deutsch-afghani-schem Kontrollpunkt«,[2] »Angriffe auf die Bundeswehr in Afgha-nistan«[3] – für deutsche Medien sind das Nachrichten. Getötete oder verletzte Soldaten tauchen auf den Titelseiten der Zeitun-gen und in der Tagesschau auf. Schusswechsel mit deutscher Be-teiligung, zumindest die öffentlich bekannt gewordenen, und Anschläge auf Bundeswehrsoldaten lassen politische Akteure in Berlin tief betroffen vor Kameras, Mikrofone und Notizblöcke treten. Auch die kleinste Lokalzeitung sieht sich zu einem Kom-mentar genötigt. Würden Medien und Parlamentarier in den Vereinigten Staaten oder Großbritannien ähnlich auf solche Er-eignisse reagieren, sie hätten kaum noch Platz für andere Mel-dungen.

Schießen und Sterben sind für die deutsche Öffentlichkeit noch nicht Routine. Als Krieger fühlt man sich nach wie vor un-wohl. Die Erfahrung der Belgier, Briten, Franzosen und Niederlän-der, die in den Jahrzehnten nach dem Ende des Zweiten Weltkriegs den Verlust ihrer Kolonialreiche militärisch hinauszuzögern ver-suchten, blieb ihnen erspart. Die Mehrheit der Deutschen ist groß geworden ohne deutsche Soldaten im Krieg. Und für diejenigen, die den Zweiten Weltkrieg noch erlebt haben, ist der Einsatz von Militär vor allem als Weg in eine selbst verschuldete Katastrophe in Erinnerung geblieben. Krieg ist für sie eine existenzielle Be-drohung, der Krieg fand zu Hause statt. Das gilt für all jene, die den Zweiten Weltkrieg als Kind erlebten und deren traumatische

Erfahrungen mitunter erst jetzt im Alter zutage treten. Aber es gilt, wenn auch auf andere Weise, selbst für diejenigen, die mit der Ost-West-Konfrontation und dem Kalten Krieg aufwuchsen. Auch hier war klar, dass der Krieg, den beide Seiten mit Aufwand und Akribie vorbereiteten, nicht irgendwo am anderen Ende der Welt stattfinden würde. Das *theater of operations*, das Einsatzgebiet der Bundeswehr, wäre der eigene Vorgarten gewesen.

In Deutschland geht die Normalisierung des Kriegs deshalb nur schleppend voran. Das ist die eine mögliche Interpretation. Sie wäre beruhigend. Eine andere Sichtweise ist weniger wohlwollend und äußerst beunruhigend. Denn so angemessen es ist, dass jedes einzelne Todesopfer unter den Bundeswehrsoldaten noch gezählt wird und eine Meldung wert ist, kann dies auch ein Zeichen dafür sein, dass die Toten und Verletzten als Unfälle, als Ausnahmen, als Ergebnis vermeidbarer Fehler betrachtet werden. Deshalb zeugen zumindest die Reaktionen derjenigen, die sich, ob in Regierung, Parlament, Forschungsinstituten oder Medien, nahezu täglich mit den weltweiten Einsätzen der Bundeswehr beschäftigen, längst nicht mehr von besonderer Sensibilität. Die Kommentare, Appelle und Forderungen, die auf blutige Nachrichten aus den Einsatzgebieten der Bundeswehr folgen, sind eher ein Zeichen der Verdrängung, der Verlogenheit, der verantwortungslosen Naivität.

Während Militärs offen von einem Kampfeinsatz sprechen, wird der Begriff von den politisch Verantwortlichen tunlichst gemieden. Das Wort »Krieg« ist unter deutschen Militärpolitikern ohnehin tabu. Der eigenen Öffentlichkeit wird seit Jahren suggeriert, die Bundeswehr sei in Afghanistan eine Truppe leicht bewaffneter Entwicklungshelfer. Dabei hat die Bundesregierung innerhalb der NATO schon vor Jahren ein Einsatzkonzept für Afghanistan abgesegnet, das Kampfeinsätze selbstverständlich einschließt. Diese Art der Auseinandersetzung mit dem Afghanistan-Einsatz ist beispielhaft für das Agieren der politischen Akteure, wenn es um die Bundeswehr geht. Man will ja nur Gutes, deshalb kann es nicht schlecht sein. Unter dieser Prämisse hat sich die militärische Rolle Deutschlands im letzten Jahrzehnt dramatisch verändert. Der quantitative Umfang der ständig im Ausland stationierten Bundeswehrkräfte ist mit mehr als 6500 Soldaten inzwischen beachtlich. Und dies soll erst der Anfang sein. Werden die von der Bundesregierung in ihrem Weißbuch von 2006 vorgestellten Pläne auch nur zu einem Teil umgesetzt, beteiligt sich Deutschland künftig noch stärker an militärischen Interventionen in allen Teilen der Welt.

Selbst vermeintlich militärkritische Akteure, selbst diejenigen, die sich gegen die weltweiten Einsätze der Bundeswehr stellen, tragen zu dem verzerrten Bild bei. Zwar verweisen sie zu Recht auf die Umrüstung der Bundeswehr zu einer weltweiten Interventionsarmee. Doch sie machen den Fehler, dass sie die irrealen Machbarkeitsphantasien, die eben jenen militärischen Planungen zugrunde liegen, tatsächlich für umsetzbar halten. Einerseits gibt es also eine verbreitete Unterschätzung der weltweiten Aktivitäten der Bundeswehr, andererseits eine völlige Überschätzung ihrer realen militärischen Möglichkeiten.

Problematisch ist all das nicht erst durch den Einsatz der Bundeswehr in Afghanistan geworden. Aber hier wird es sehr viel deutlicher als bislang in der noch immer kurzen Geschichte der deutschen Auslandseinsätze nach Ende des Zweiten Weltkriegs. Vierzig Jahre lang war die Bundeswehr eine behäbige Truppe, die zwar überall im Land präsent war, aber im politischen Tagesgeschäft keine Rolle spielte. Aufgestellt im Jahre 1955 und damit sechs Jahre nach der Gründung der Bundesrepublik, war sie voll in die Strukturen der NATO eingebunden. Trotz ihrer damals viel größeren Sollstärke von fast einer halben Million Soldaten war sie als außenpolitisches Instrument nicht brauchbar. Es wäre auch niemand auf diese Idee gekommen.

Der Posten des Verteidigungsministers war auch damals ein

aufreibender Job, aber Reisen in alle Welt, zu aktuellen oder künftigen Einsatzgebieten, gehörten nicht zu seinen amtlichen Aufgaben. Ebenso wenig standen Ansprachen bei Trauerfeiern für getötete Soldaten im Terminkalender. Beschäftigt war der jeweilige Minister zu dieser Zeit vor allem mit der Regelung einer möglichst korruptionsfreien Beschaffung der nächsten Generation von schweren Panzern oder Kampfflugzeugen. Doch ein paar Opfer gab es schon damals. Sie blieben nicht aus bei Großmanövern der Bundeswehr und der in etwa gleich großen Stärke auf dem Gebiet der alten Bundesrepublik stationierten verbündeten Armeen. Auf je sechzig Einwohner kam ein schwer bewaffneter Mensch in Uniform. Im Osten Deutschlands war der Militarisierungsgrad noch höher. Ein beträchtlicher Anteil der Fläche der alten DDR war als militärisches Sperrgebiet ausgewiesen. Mitten in Europa, einer der dichtestbesiedelten Regionen der Welt, wurde ständig Krieg gespielt. Man war jederzeit bereit für die große Panzerschlacht irgendwo zwischen Berliner Ring und Kamener Kreuz.

Die Szenarien waren absurd, die Planungen real. Ein Krieg war jederzeit möglich. Und doch war allen bewusst, dass dieser potenzielle Krieg mit dem, worauf sich die Bundeswehr da vorbereitete, recht wenig zu tun haben würde. Mitten in einer hoch technisierten, hoch sensiblen Industriegesellschaft wäre dieser Krieg innerhalb kürzester Zeit nicht mehr zu führen gewesen. Und dann lagerten in Deutschland auch noch die Atomwaffen der Verbündeten, zeitweise Tausende, gedacht zum Einsatz innerhalb des Landes. Es gab zwei Optionen: Entweder kommen die Truppen und Waffen erst gar nicht zum Einsatz oder aber es gibt eine ungeheure Katastrophe.

Es existierte also eine klare Trennung: zwischen Krieg und Frieden. Das Grundgesetz kennt diese Unterscheidung zwischen Zeiten mit und ohne Verteidigungsfall bis heute, aber die neue Bundeswehr hat mit der alten kaum etwas gemein. Die deutschen Streitkräfte sind kleiner geworden, mehrere hunderttausend Soldaten der NATO-Verbündeten haben Westdeutschland und den Westteil Berlins verlassen. Die Sowjetarmee ist vollständig aus Ostdeutschland abgezogen. Doch trotz dieses quantitativen Schwunds oder gerade deswegen hat das Militär in Deutschland dramatisch an Bedeutung gewonnen. Die Bundeswehr soll erklärtermaßen nicht mehr vorrangig dem Grundgesetzauftrag der Landesverteidigung dienen, sondern ein außenpolitisches Instrument sein.[4] Die Bundeswehr wird zur Interventionsarmee, sie beteiligt sich an Kampfeinsätzen *out of area* und sie soll dies in Zukunft noch viel bedingungsloser, schneller und häufiger tun.

Doch die Vergangenheit wirkt nach. Die über vier Jahrzehnte als Erfolg gefeierte atomare Abschreckung hat die Denkmuster nachhaltig geprägt. Deutlich wurde dies schon 1999 beim Kosovokrieg, als sich erstmals seit dem Ende des Zweiten Weltkriegs deutsche Soldaten an Luftangriffen beteiligten. Während der Ost-West-Konfrontation – die britische Konfliktforscherin Mary Kaldor spricht rückblickend von einem »imaginären Krieg«[5] – war es immer darum gegangen, mit etwas zu drohen, was man selbst nicht wirklich einsetzen wollte. Alle Einwände, die auf die potenziellen Folgen eines Atomwaffeneinsatzes verwiesen, wurden mit dem Argument beiseite geschoben, es sei ja gerade der Sinn der Drohung, diese nicht wahrzumachen. Das war das Kernproblem der Nukleardoktrin, denn sie konnte nur dann funktionieren, wenn zumindest der Gegner davon überzeugt war, dass die Atomwaffen im Zweifelsfall auch tatsächlich eingesetzt würden. Insbesondere für den Fall eines Kriegs in Europa bedeutete das aber, dass die Drohung des Atomwaffeneinsatzes auch zum Preis der Vernichtung der eigenen Bevölkerung wahrgemacht werden müsste – kein sonderlich glaubwürdiges Szenario. Um Zweifel an der Ernsthaftigkeit der Drohung auszuräumen, wurde der Einsatz bis ins Detail vorbereitet und die Einsatzplanungen

der NATO politisch vorab abgesegnet. Es war klar, dass es im
Kriegsfall um Minuten gehen würde. Sollte tatsächlich ein sowje-
tischer Panzerangriff mit Atomwaffen gestoppt oder auf einen
Atomwaffeneinsatz der Gegenseite reagiert werden, bliebe ohnehin keine Zeit für demokratische Entscheidungsabläufe. Statt der
im Grundgesetz vorgesehenen Prozeduren zur Feststellung des
Verteidigungsfalls, würde es eine kaum zu stoppende atomare
Eskalation geben.[6] Es gab eine Drohung und die Erwartung, dass
sie nicht umgesetzt werden musste. Einen Plan B gab es nicht.

Natürlich blieb immer fraglich, ob sich alle im Kriegsfall an
die tödlichen Verpflichtungen gehalten hätten. Entscheidend ist,
dass die Abschreckungsdoktrin das Denken geprägt hat. Offenbar funktionieren die Muster selbst zu einer Zeit noch, in der sich
die Rahmenbedingungen von Grund auf geändert haben. Auch
vor dem Kosovokrieg gab es eine Drohung, aber keinen Plan B für
den Fall, dass die Drohung nicht wirken würde. Und es gab eine
Reihe von frühzeitigen politischen Festlegungen, um die Drohung einigermaßen glaubwürdig zu machen: Als die Debatte um
eine deutsche Beteiligung die Öffentlichkeit bewegte, war der
Entschluss zur Teilnahme längst gefasst; nicht nur in Hinterzimmern des Kanzleramts, sondern ganz offiziell und öffentlich im
Deutschen Bundestag. Die Abstimmung, mit der das Parlament
der Regierung die Erlaubnis zur Angriffsbeteiligung gab, fand im
Oktober 1998 und damit fast ein halbes Jahr vor dem Abwurf der
ersten Bomben auf Jugoslawien statt. In der Parlamentsdebatte
wurde selbstverständlich betont, dass es nur um Drohungen
gehe, mit denen ein tatsächlicher Einsatz überflüssig gemacht
werden sollte.[7] Mit der Androhung militärischer Gewalt sollte die
jugoslawische Regierung zum Einlenken – konkret: zur Akzeptanz von NATO-Truppen auf ihrem Territorium – bewegt werden.
Als die Bombardements aber einmal begonnen hatten, gab es
bald keine erreichbaren militärischen Ziele mehr. In der Auseinandersetzung ging es deshalb nur noch darum, ob die Angriffe

gerechtfertigt, ob sie legitim und legal seien. Die Frage aber, was eigentlich erreicht werden sollte, wurde kaum noch gestellt – und schon gar nicht beantwortet. Stattdessen machten sich die politischen Entscheider, insbesondere in Deutschland, an die größtmögliche Dämonisierung des Gegners. Auch dies hatte man zur Zeit der atomaren Abschreckung eingeübt. Wer die Androhung eines Atomwaffeneinsatzes mit seinen humanitären und demokratischen Idealen einigermaßen in Einklang bringen wollte, musste die andere Seite zum »Reich des Bösen« erklären. Dieses Muster wurde von der damaligen Bundesregierung vor dem Kosovokrieg getreulich kopiert, als Bundesaußenminister Joschka Fischer den jugoslawischen Präsidenten Slobodan Milošević in einem Interview mit dem US-Nachrichtenmagazin *Newsweek* zum neuen Hitler ernannte und die Verbrechen im Kosovo mit Auschwitz verglich.[8]

In dieser Unschärfe und auf diesem Niveau bewegt sich die Debatte über Einsätze der Bundeswehr bis heute. Und dies, obwohl die Auslandseinsätze mit der Mission in Afghanistan eine neue Qualität erreicht haben. Es fällt selbst den enthusiastischsten Befürwortern zunehmend schwer zu behaupten, es handle sich um einen auch nur im weitesten Sinne friedlichen Einsatz zum »Wiederaufbau« nach einem beendeten Krieg. In Afghanistan fallen täglich Bomben, jede Woche werden Soldaten der eingesetzten NATO-Truppen verletzt oder getötet, und jedes Jahr sterben Tausende von Menschen, darunter auch viele Nicht-Kombattanten.[9] Ganz egal, wer für welche Toten verantwortlich ist: Man muss die Situation Krieg nennen. Es geht auch um diesen Begriff, denn Politik wird mit Worten gemacht.

Die Windungen politischer Akteure in Berlin kann man bewundern oder bemitleiden. Klar ist: Solche sprachlichen Verrenkungen stehen für ein viel tiefergehendes Problem. Es existiert eine beachtliche Diskrepanz zwischen Umfang und Intensität militärischer Einsätze der deutschen Streitkräfte einerseits und der Bereitschaft, dies öffentlich zu debattieren, andererseits. Dabei empfinden deutsche Beobachter entsprechende Diskussionen in militärisch deutlich aktiveren Staaten wie den USA oder Großbritannien nicht selten als kalt, militaristisch und zynisch. In der Tat kann der Ton solcher Debatten für ungeschulte Ohren erschreckend sein. Aber ist es zynisch, über eine Kriegsbeteiligung der eigenen Streitkräfte auch in militärischen Kategorien zu sprechen?

Das größte Problem der deutschen Militärpolitik ist zunächst nicht, dass womöglich falsche Entscheidungen getroffen oder unangemessen große Risiken eingegangen werden. Die bei weitem größte Gefahr ergibt sich vielmehr daraus, dass die Auseinandersetzung überhaupt nicht stattfindet. Es gibt keine seriöse Debatte darüber, was die Bundeswehr soll, darf und – vor allem – kann. Diese Diskussionsverweigerung hat nicht nur unterschiedliche, sondern sogar gegensätzliche Ursachen. Zum einen gibt es diejenigen, welche die Bundeswehr zur Interventionsarmee umbauen wollen, aber nicht die Möglichkeit sehen, dafür die breite Unterstützung der Öffentlichkeit einzuholen. Sie setzen darauf, dass Einsätze auch ohne öffentliche Unterstützung beschlossen werden. Die anstehenden Entscheidungen, so die dahinter stehende Haltung, sind für einen demokratischen Diskurs ungeeignet.

Zum anderen gibt es diejenigen, die eine Debatte vermeiden wollen, eben weil sie militärischen Interventionen höchst skeptisch gegenüberstehen. Sie fürchten, die politische Auseinandersetzung womöglich zu verlieren, oder aber sie sehen bereits in einer öffentlichen Debatte über das Militär einen Akt der Normalisierung des Militärischen. Wer eine kontroverse politische Auseinandersetzung über die Bundeswehr und ihre Aufgaben einklagt, wird schnell als Befürworter militärischer Interventionen eingeordnet. Gerade unter denjenigen, die Auslandseinsätzen eher skeptisch gegenüber stehen, fürchten viele, sich bei der Beschäftigung mit der Bundeswehr mit militärischer Denkweise zu infizieren. Am Ende entdeckt man bei der bösen Institution doch noch sympathische Züge. Dann lieber tabuisieren.

Schließlich gibt es noch die große Mehrheit derer, die das alles nicht sonderlich aufregt, die zwar die Interventionen der Bundeswehr eher kritisch sehen, das volle Ausmaß dessen, was da geschieht, aber nicht kennen oder die damit verbundenen potenziellen Gefahren als zweitrangig betrachten. Diese schweigende Mehrheit wird von beiden Seiten in Anspruch genommen – jeweils mit einem gewissen Recht, denn die demoskopischen Zahlen sind so eindeutig nicht. Es gibt einerseits keine grundsätzliche Ablehnung der Bundeswehr und ihrer Einsätze. Andererseits aber gibt es eine höchst skeptische bis klar ablehnende Haltung gegenüber Einsätzen, in denen die Bundeswehr tatsächlich, wie in Afghanistan, als Militär – also kämpfend – agiert.[10]

Die relative Gleichgültigkeit gegenüber dem, was die Bundeswehr tut, ist keineswegs das Ergebnis einer mysteriösen Verschwörung. Es ist auch nicht das Ergebnis einer genialen PR-Strategie, die eine Debatte geschickt zu unterdrücken versucht. Die Verdrängung der Brisanz all dessen, was mit dem Militär zu tun hat, entspringt vermutlich einer ebenso banalen wie verständlichen Grundhaltung: Es gibt schließlich Schöneres im Leben, als sich mit der Praxis staatlich organisierter Gewaltanwendung zu befassen. Hinzu kommt, und dies unabhängig von der politischen Haltung zu Bundeswehreinsätzen, eine verbreitete intellektuelle Überheblichkeit gegenüber jeder ernsthaften Beschäftigung mit dem Militär. Wer wissen zu müssen glaubt, was der eigene Staat sich da für Gewaltmittel zugelegt hat, wer nachfragt, wie welche Waffen wirken – der läuft Gefahr, zum Waffennarr abgestempelt oder auf das intellektuelle Niveau eines technikbegeisterten Halbwüchsigen heruntergestuft zu werden. Intellektuelle, so die verbreitete Haltung, haben sich der Bundeswehr fernzuhalten.[11]

Viel mehr Anerkennung darf erwarten, wer sich von dem dreckigen Geschäft der Gewaltanwendung oder -androhung fernhält und, jenseits schnöder Einsatzdetails, über die normativen Grundlagen von Militäreinsätzen debattiert. Statt sich in den Niederungen von Waffentechnik, Einsatzplänen und Bombenzielkarten die Finger schmutzig zu machen, bewegt man sich lieber auf dem höchsten Niveau des deutschen Feuilletons. Da geht es um die ganz großen Fragen der Welt. Hier darf endlos darüber gestritten werden, wann ein Kriegseintritt legitim oder gar geboten ist. Hier kann man sich als Philosoph oder Jurist üben. Hier geht es um Grundgesetz und Sicherheitsrat. Hier geht es um die Staatenordnung nach dem Westfälischen Frieden und um die Allgemeine Erklärung der Menschenrechte. Es geht um die Grundfragen des zivilisierten Zusammenlebens. Einfache Fragen nach der Umsetzung der daraus erwachsenen Erkenntnisse würden bloß die Konversation stören.

Dabei zeigt jeder Krieg, wie die praktische Umsetzung alle theoretischen Debatten letztlich überlagert. Man kann beispielsweise davon ausgehen, dass der Einmarsch in den Irak auch dann ein Desaster geworden wäre, hätte der UN-Sicherheitsrat, durch eine andere Machtkonstellation im Jahr 2003, den Krieg legitimiert. Konkret: Hätte die US-Regierung neben Großbritannien auch die anderen Veto-Mächte China, Frankreich und Russland – und insgesamt eine Mehrheit der Mitglieder im höchsten UN-Gremium – auf ihrer Seite gehabt, die Motivation der Aufständischen im Irak wäre wohl kaum davon berührt worden. Die USA hätten für diesen Fall mehr Unterstützung ihrer Verbündeten einklagen können, vor Anschlägen aber hätte auch die stärkste UN-Resolution keinen Soldaten der Besatzungstruppen geschützt. Umgekehrt bedeutet die Legitimierung des Afghanistan-Einsatzes durch das höchste Gremium der Vereinten Nationen nicht, dass die Bundeswehr und ihre Verbündeten dort militärisch erfolgreich sein werden. Was auch immer die Motive der Aufständischen in Afghanistan im Einzelnen sein mögen, ein Verweis auf ein im fernen New York abgesegnetes Dokument dürfte keinen der Warlords in den Bergen Afghanistans sonderlich interessieren. Die Frage der Legitimation hat nichts mit der Funktionalität der eingesetzten Mittel zu tun. Auch eine völkerrechtskonforme Militäraktion kann kläglich scheitern.

Ein ganz anderes Beispiel, aus einem ganz anderen Krieg: Man kann zu dem Schluss kommen, dass die Aufstellung von Raketenabwehrsystemen in einem Land legal, moralisch gerechtfertigt und sogar geboten ist. Doch was bedeutet diese grundsätzliche Überlegung, wenn nicht danach gefragt wird, ob die eingesetzten Raketen auch funktionieren? Könnte es gar sein, dass die Stationierung zu einem falschen Sicherheitsgefühl beiträgt? Und was ist, wenn die eingesetzten Abwehrsysteme nicht nur ein trügerisches Gefühl der Unverwundbarkeit schaffen, sondern sogar die Bedrohung für die Bevölkerung erhöhen, weil Teile der Abfangkörper bewohnte Gebiete treffen können oder weil vermeintlich zerstörte Raketensprengköpfe tatsächlich nur in Teile zersprengt werden und letztlich mehr Menschen gefährden, als dies ohne die Abwehrraketen der Fall gewesen wäre? Das ist kein hypothetisches Szenario. Es geht um die Entscheidung, während des Golfkriegs 1991 Patriot-Abwehrraketen in Israel zu stationieren. Im Nachhinein haben US-Militäranalysten in der Tat dargelegt, dass die Gefährdung der Bevölkerung durch den Einsatz der Patriot erhöht und nicht vermindert wurde.[12] Auch in diesem Fall ist eine moralische Debatte also wertlos, wenn auf sie nicht eine Analyse der realen militärischen Möglichkeiten folgt. Es gibt einen Unterschied zwischen gut gemacht und gut gemeint.

Es gibt außerdem einen Unterschied zwischen möglicherweise wünschenswerten und tatsächlich umsetzbaren Aktionen. Diese Erkenntnis scheint in Auseinandersetzungen um deutsche Militäreinsätze allerdings nicht zu gelten. Die kaum beachteten Parlamentsdebatten über die Beteiligung der Bundeswehr an der internationalen UNAMID-Truppe in Darfur bietet da besten Anschauungsunterricht. Dort warf einst eine grüne Abgeordnete

Skeptikern des Einsatzes vor, sie stünden »auf der Seite der Täter«.[13] Das Sitzungsprotokoll verzeichnet hier große Zustimmung im Parlament. Schaut man dann nach, wie viele Soldaten der Bundestag anschließend für den Einsatz in Darfur genehmigte, fällt es schwer, die moralische Rigorosität ernst zu nehmen. Genau 250 Mann dürfen laut Parlamentsmandat nach Darfur, nicht gerade viel, wenn es darum gehen soll, Vertreibungen und grausamste Verbrechen zu verhindern. So ganz wollte man sich dann offenbar doch nicht auf die »Seite der Opfer« schlagen. Der Analyse und dem Plädoyer für militärische Mittel folgend hätte die Entsendung von mindestens 100 000 Soldaten gefordert werden müssen. Das wäre konsequent. Alles andere ist Symbolik zur eigenen Gewissensberuhigung. Angesichts der tatsächlichen Verbrechen und Gräuel im Sudan ist eine emotional aufgeheizte Debatte verständlich. Aber von Abgeordneten, die zur Abwendung solcher Grausamkeiten nach dem Militär rufen, darf man erwarten, dass Rhetorik und politische Handlungen in einem angemessenen Verhältnis stehen. Übrigens wurde bis Anfang 2009 nicht einmal das genehmigte Kontingent von 250 Soldaten ausgeschöpft: Genau ein Bundeswehroffizier war tatsächlich im Sudan stationiert.

Die meisten Protagonisten in der militärpolitischen Debatte in Deutschland scheinen sich aber kaum über dieses Niveau der Auseinandersetzung hinaus zu wagen. Die einen betonen stets das Recht und die Pflicht zum Eingreifen, um Menschenrechtsverletzungen oder die Eskalation eines Kriegs zu verhindern. Am anderen Ende des Spektrums wird die unbedingte Einhaltung des individuellen Gewaltverbots, wie es die Charta der Vereinten Nationen vorsieht, eingefordert. Gerade das Beispiel des vom Sicherheitsrat abgesegneten, freilich wenig erfolgreichen ISAF-Einsatzes in Afghanistan zeigt aber, dass diese Form der Auseinandersetzung zu kurz greift.

Es kann eben nicht nur um vermeintlich rein juristisch zu klärende Probleme und um große moralische Fragen gehen, nicht nur um Legitimität und Moral, nicht nur um Gut und Böse. Es müssen einige ganz einfache Fragen gestellt werden: Kann die Bundeswehr die politisch gesetzten Ziele überhaupt erreichen und, wenn ja, zu welchen Kosten? Die Verständigung über rechtliche und ethische Fragen ist eine *notwendige* Bedingung für einen Einsatz. Sie ist aber keine *hinreichende* Bedingung. Sich über Letztere Klarheit zu verschaffen ist das Hauptanliegen dieses Buchs.

Ein weiteres Merkmal in der politischen Begleitung der Auslandseinsätze der Bundeswehr ist die isolierte Betrachtung der Einsatzländer. Kaum sind deutsche Soldaten ausgerückt, dürfen sich die für die betreffende Region zuständigen Experten über Medienpräsenz und womöglich die Aussicht auf lang ersehnte Forschungsförderung freuen. Schon exotische Sprachkenntnisse können einen über Nacht zum gefragten Experten für Bundeswehreinsätze werden lassen. Im geballten Spezialwissen geht allerdings häufig der Blick für historische Parallelen und militärische Widersprüche verloren. Es mangelt nicht an seriösen Einschätzungen der Lage in den Einsatzländern von höchst offiziellen Stellen – auf diese wird hier zurückgegriffen. Es mangelt allerdings an einem Abgleich dieser Expertisen mit den erklärten politischen Zielen der Bundeswehreinsätze.

Umgerüstet für noch mehr Auslandseinsätze wird die Bundeswehr zu einer Zeit, in der erstmals in der Geschichte ein Militärapparat existiert, der jeden Fleck der Erde in Echtzeit überwachen, innerhalb von Stunden erreichen und fast überall kurzfristig eine militärische Infrastruktur aufbauen kann. Die US-Streitkräfte sind allen tatsächlichen und potenziellen Konkurrenten militärisch haushoch überlegen. Verstärkt wird diese historisch einmalige Rolle dadurch, dass nahezu alle zu militärischen Einsätzen fernab des eigenen Territoriums fähigen Staaten mit den USA verbündet sind. Die militärischen Kapazitäten Deutschlands sind ein kleiner, aber nicht unerheblicher Teil dieses Netzwerks. Auf den ersten Blick im Widerspruch dazu steht, dass große Militärmächte selten so erfolglos in der Umsetzung ihrer angestrebten Ziele waren, wie die USA und ihre Verbündeten es heute sind. Die Gegner, mit denen es die US-Truppen, die Bundeswehr und andere zu tun haben, sind von militärisch irrelevanter Größe. Das Denken in Machtbalancen war nie sonderlich hilfreich, heute ist es angesichts der zunehmenden Verwicklung der NATO-Staaten in asymmetrische Kriegskonstellationen noch absurder. So sind sowohl die US-Streitkräfte als auch ihr deutsches Pendant, gemessen an den selbst proklamierten Zielen, bei ihren Einsätzen der letzten Jahre katastrophal gescheitert. Das wird besonders deutlich im Irak, dem derzeitigen Haupteinsatzort der US-Streitkräfte, und in Afghanistan, wo die Bundeswehr ihre Kapazitäten konzentriert. Aber es gilt ebenso für die Zielgebiete anderer militärischer Interventionen.

Die Auseinandersetzung um die Bundeswehreinsätze bedarf neuer Akzente. Die Debatte um die juristischen Grundlagen für ein Verbot militärischer Einsätze wird deshalb hier ebenso beiseite gelassen wie jene über etwaige Gebote zur Intervention. Wenn diese Fragen hier ausgeklammert werden, dann deshalb, weil dieser Ansatz den Weg erst frei macht für eine nüchterne und sachliche Analyse der realen militärischen Möglichkeiten. Der Vorwurf des Zynismus wird dabei nicht ausbleiben.

Zur Abschätzung der realen Möglichkeiten der Bundeswehr gehört auch der Blick in die Zukunft. Wenn es denn zutrifft, dass die deutschen Streitkräfte in ihrer heutigen Form unfähig sind, all die Aufgaben zu bewältigen, welche die politischen Akteure ihnen übertragen wollen, so könnte es aber doch sein, dass die Bundeswehr künftig dazu in der Lage sein wird. Der Ist-Zustand der militärischen Kapazität, so könnte der berechtigte Einwand lauten, darf nicht der Maßstab sein für das, was mittel- oder langfristig, was in fünf, zehn oder zwanzig Jahren die Aufgabe der

Bundeswehr sein soll. Tatsächlich wird der Umbau der Bundeswehr zu einer Interventionsarmee im Rahmen der NATO und der EU weitergehen. Das große Vorbild bei allen Anstrengungen zur Verbesserung der militärischen Ausrüstung sowie der Fähigkeit, schnell und über weite Distanzen eingreifen zu können, sind selbstverständlich, ob ausgesprochen oder nicht, die Streitkräfte der USA. Der gigantische Aufwand, der für die Aufrechterhaltung ihrer weltweiten Präsenz und das Führen mehrerer großer Kriege zugleich betrieben werden muss, wird in der deutschen Öffentlichkeit beträchtlich unterschätzt. Auch die Auswirkungen eines solchen Militärapparats auf die innere Verfasstheit der amerikanischen Gesellschaft werden weitgehend ausgeblendet. Gleichzeitig wird die Effektivität der US-Streitkräfte überschätzt. Auch darum soll es in diesem Buch gehen. Denn weder in Afghanistan noch im Irak hat das US-Militär die politisch gesteckten Ziele auch nur annähernd erreicht.

Die hier kritisierte Fokussierung auf die moralischen und rechtlichen Aspekte von Bundeswehreinsätzen führt dazu, dass frei verfügbare, wenn auch nicht immer leicht zugängliche Informationen zu Militäreinsätzen weitgehend ungenutzt bleiben. Gerade Analysen aus dem militärischen Umfeld bieten aber häufig präzisere und sachlichere Einschätzungen der Lage in den Einsatzgebieten der Bundeswehr als die öffentlichen Äußerungen deutscher Entscheidungsträger. Aus Mitteilungen des Pentagon und des NATO-Hauptquartiers erfährt man zuweilen mehr als aus offiziellen Statements des Bundesverteidigungsministers.

Angesichts der zurückhaltenden Informationspolitik der Bundesregierung wird der Einstieg in eine neue Qualität militärischer Macht selbst von weiten Teilen der politischen Akteure in Berlin nicht gänzlich erfasst. Für die breite Öffentlichkeit gilt dies umso mehr. Die Beschäftigung mit den konkreten Mitteln zur Umsetzung militärisch gestützter Außenpolitik wurde dadurch denjenigen überlassen, die eine vermeintliche Normalisierung der deutschen Militärpolitik anstreben. Sofern es Kontroversen gab, standen sie stets im Kontext von Ad-hoc-Beschlüssen und fanden unter enormem Zeitdruck statt. Keiner der Einsatzentscheidungen gingen langfristig angelegte Diskussionen voraus.[14]

Mit reichlicher Verzögerung scheint es nun, wohl auch verursacht durch den nicht mehr zu ignorierenden Krieg in Afghanistan, ein wachsendes Bedürfnis nach Debatte und Auseinandersetzung zu geben. In den Medien sind inzwischen öfter nachdenkliche Töne zu vernehmen.[15] Selbst viele Angehörige der Bundeswehr wünschen sich mehr öffentliche Diskussion. Gerade in den großen Parteien hört man häufiger als früher kritische Fragen zu militärischen Interventionen. Und bei den parlamentarischen Abstimmungen über Auslandseinsätze werden in allen Fraktionen mehr abweichende Stimmen gezählt.

Noch gibt es die Chance, dass eine ernsthafte Debatte darüber in Gang kommt, was die Bundeswehr kann und was nicht, welche Ziele erreichbar sind und welche nicht. Es ist Zeit für eine Auseinandersetzung über Möglichkeiten und Grenzen militärischer Macht.

2. Robuste Illusionen

Eine Maschine vom Typ A-10 Thunderbolt feuert auf »feindliche Kämpfer in der Nähe von Kabul, die gerade Koalitionstruppen beschossen haben«. Bei Lashkar Gah in der südlichen Provinz Helmand wirft »ein Flugzeug der Koalition eine Lenkwaffe auf feindliche Kämpfer«, sie hatten »befreundete Kräfte« unter Feuer genommen. Flugzeuge der US Navy vom Typ 18F Super Hornet werfen »Lenkbomben der Typen GBU-12 und GBU-38« ab, Ziel ist »eine Anlage«, in der sich »Feinde Afghanistans« aufhalten.[1]

Weitere A-10 und F-15F Kampfflugzeuge rücken zu »Machtdemonstrationen« bei Kabul aus, zwecks »Abschreckung von Feindaktivitäten«. In der Nähe von Lashkar Gah werden dazu F/A-18E-Jets der US Navy und »Koalitionsflugzeuge« eingesetzt. Auch bei Sangin fliegt die Navy mit F-18-Flugzeugen *show-of-force*-Operationen gegen »Feindaktivitäten«. Insgesamt, so der Bericht, werden an diesem einen Tag »72 Luftunterstützungseinsätze« »als Teil der ISAF« geflogen. Außerdem waren 14 Aufklärungsflugzeuge der US Air Force im Einsatz. Vier Maschinen der Navy und verbündeter Streitkräfte flogen ebenfalls Einsätze zur »taktischen Aufklärung« in Afghanistan.

Es ist der 16. Oktober 2008, ein ganz normaler Tag in Afghanistan. Nach Abschluss der Einsätze fasst ein Offizier der US Air Force die Erfolgsmeldungen in einem knappen Bericht zusammen.[2] Nichts davon ist geheim. Am nächsten Tag ist der »Oct. 16 airpower summary« für jeden zugänglich. Auch für deutsche Minister, Bundestagsabgeordnete und Journalisten. Über das Ausmaß der Luftangriffe darf sich jeder informieren. Die in diesen Berichten der US-Luftwaffe dokumentierten Bombardements sind Teil der ISAF-Aktivitäten in Afghanistan. Und sie sind Routine. Auch in Deutschland ist der 16. Oktober 2008 ein ganz normaler Tag. In Berlin ist der Deutsche Bundestag zu seiner 183. Plenarsitzung der 16. Legislaturperiode zusammengekommen. Es geht wieder einmal um den Bundeswehreinsatz in Afghanistan. Den Abgeordneten liegt der Antrag der Bundesregierung vor, mit dem die Beteiligung an der von der NATO geführten ISAF verlängert werden soll. Seit Ende 2001 läuft die Operation. Zum neunten Mal wird jetzt ihr Mandat erneuert. Auch soll das Kontingent aufgestockt werden. Am Ende der Sitzung werden die Abgeordneten der Bundesregierung gestatten, 1 000 Soldaten mehr als zuvor im Rahmen der ISAF nach Afghanistan zu schicken, 4 500 werden es dann sein.[3] Während der alle vier Monate stattfindenden Kontingentwechsel, in der Phase also, in der die meisten der Soldaten nach Hause gebracht und neue eingeflogen werden, darf die Zahl kurzfristig sogar überschritten werden. In der Regel, so wird erwartet, wird die Bundeswehr das erlaubte Kontingent aber nicht ausnutzen.[4] Der Bundesregierung, so vermuten Kritiker, lag bei Antragstellung daran, sich durch einen Vorratsbeschluss unabhängiger vom Parlament zu machen. Nun kann der Umfang ohne einen neuen Beschluss des Bundestags jederzeit erhöht werden.

Wer die Parlamentsdebatten über den ISAF-Einsatz verfolgt und wer den Antrag der Bundesregierung liest, kann kaum glauben, dass es sich um denselben Sachverhalt handelt, von dem in den täglichen Berichten des Pentagon die Rede ist. Von den Bombardements, über die die US Air Force täglich in allen Details berichtet, ist in dem Dokument der deutschen Bundesregierung nichts zu finden und in den Redebeiträgen der sie tragenden Koalition nichts zu hören. Über das Ausmaß der Gewalt, über die Zahl der durch Waffengewalt der NATO oder durch die aufständischen Gruppen Getöteten erfährt das Parlament in der Vorlage der Regierung nichts. Auch von dem durch die ISAF in Afghanistan geführten Luftkrieg ist nirgends in dem siebenseitigen Antrag die Rede. Die täglichen Bombardements scheinen für Deutschland, immerhin die nach den USA und Großbritannien drittstärkste Militärmacht in Afghanistan, vollkommen irrelevant zu sein.

Dabei nimmt sich die Regierung ansonsten den Raum für detaillierte Informationen. So versucht sie sich selbst und die ISAF mit der Angabe zu loben, dass »fast 75 Prozent aller Jungen und 35 Prozent aller Mädchen« mittlerweile eingeschult seien. Auch beweihräuchert man sich mit dem Hinweis, »85 Prozent der Bevölkerung« hätten nun »Zugang zu medizinischer Basisversorgung«. Bei solchen Zahlen vergisst der Leser fast, dass hier die Zustimmung zur »Fortsetzung der Beteiligung bewaffneter deutscher Streitkräfte« beantragt werden soll. Statt zu kämpfen, kümmert sich Deutschland. Es kümmert sich um den »Aufbau staatlicher Institutionen«, um »Rechtsstaatlichkeit«, um die »Verbesserung der Lebensbedingungen« und um die »Achtung der Menschenrechte«. Dagegen kann ja wohl niemand etwas haben. »Thunderbirds« und »Super Hornets«, Kampfjets und Lenkbomben passen da nicht ins Bild. All das würde nur ablenken. Denn: »Schwerpunkt des deutschen Engagements«, so die Bundesregierung in ihrem Antrag zur Aufstockung des Bundeswehr-Kontingents, »bleibt der zivile Wiederaufbau Afghanistans«.[5]

Mit einer gewaltsamen Auseinandersetzung, einem bewaffneten Konflikt hat die Situation in Afghanistan demnach nichts zu tun. Das Wort Krieg scheint bei der Bundesregierung auf dem Index zu stehen. Benutzt wird es nur zur Beschreibung der Vergangenheit. »Der Bürgerkrieg in Afghanistan hat 2001 geendet«, vermeldet Entwicklungshilfeministerin Heidemarie Wieczorek-Zeul in der Debatte über den Bundeswehreinsatz. »Das ist sieben Jahre her, das ist eine lange Zeit.«[6] Wer heute so etwas wie Krieg in Afghanistan ausmachen will, gehört zurechtgewiesen. Erst recht, wenn der Verdacht aufkommen sollte, dass die Bundeswehr, als Teil der von der NATO geführten ISAF, sich an diesem Krieg beteiligt. Die deutschen Soldaten »führen dort keinen Krieg«, weiß der Grüne Jürgen Trittin. »Sie sichern dort den Aufbau ab. Das ist eine Tatsache.«[7]

Es gebe »Defizite«, räumt die Bundesregierung in dem Verlängerungsantrag vom Oktober 2008 vorsichtig ein, »auch bei der Sicherheitslage«.[8] Von dem Begriff »Krieg« ist diese Beschreibung aber weit entfernt, noch weiter von der Feststellung, dass die Bundeswehr auch irgendwie etwas mit diesem Krieg zu tun haben könnte. Doch selbst dieses kleine festgestellte »Defizit« soll die Erfolgsbilanz des Bundeswehreinsatzes selbstverständlich nicht trüben. Um dies zu erklären, fährt man sicherheitshalber zweigleisig. Zum einen, so die Bundesregierung, seien »die internationale Militärpräsenz und die afghanischen Sicherheitskräfte« weiterhin in der Lage, »ein flächendeckend koordiniertes Vorgehen der regierungsfeindlichen Kräfte zu unterbinden«. Es gilt demnach als Erfolg, dass die gegen die ISAF militärisch agierenden Gruppen keine zusammenhängenden Gebiete kontrollieren und nicht in großen Formationen angreifen können. Zwar hätten sie sich die Vertreibung der internationalen Truppen aus Afghanistan und die Beseitigung der gewählten Regierung zum Ziel gesetzt. »Sie meiden aber«, so heißt es in dem Antrag, »in der Regel im Bewusstsein ihrer Unterlegenheit die offene Konfrontation.« Das klingt fast ein wenig beleidigt. Die Gegner stellen sich nicht dem offenen Kampf unter ehrenwerten Männern – so liest sich die Analyse der Bundesregierung. Ihrer Strategie liege vielmehr »ein asymmetrischer Ansatz zugrunde, der auf die Zermürbung und Einschüchterung« ziele. Die bewaffneten Gruppen »wenden sich darum gegen Zivilisten, töten Regierungsvertreter« und »verüben Bomben- und Brandanschläge.«

Was in dem Antrag zur Verlängerung des Bundeswehreinsatzes in Afghanistan als neueste Erkenntnis angeführt wird, um zu erklären, warum die ISAF das Land nicht unter Kontrolle bekommt, ist nichts anderes als banales Halbwissen über Guerilla-Kriegführung. Hat denn im Bundesverteidigungsministerium irgendjemand etwas anderes erwartet? Wie anders als »asymmetrisch« könnte denn eine Auseinandersetzung mit dem stärksten Militärbündnis der Welt ausfallen? Symmetrisch? Es konnte doch wohl niemand davon ausgehen, dass sich die militärisch agierenden Gruppen in Afghanistan erst einmal mit den neuesten High-Tech-Waffen ausrüsten, um den ISAF-Truppen dann mit gleichen Mitteln entgegenzutreten. Zu einer Asymmetrie gehören logischerweise immer zwei Seiten.

Natürlich haben die deutschen Militärplaner hier von den Kollegen in den USA abgeschrieben. Dort ist der Begriff der »asymmetrischen Kriegführung« in den letzten Jahren sehr in Mode gekommen. Ganz so neu ist diese Art der vermeintlich »neuen Kriege« allerdings nicht. Sie hieß früher Partisanenkrieg, Guerillakrieg oder eben Terrorismus. Auf der Gegenseite hieß das Vorgehen *counterinsurgency, irregular warfare* oder *low intensive conflict*. Ob in den Kriegen der Briten in Malaysia, der Franzosen in Nordafrika oder der Amerikaner in Vietnam und Mittelamerika: Die Konflikte wurden immer mit asymmetrischen Mitteln und zum großen Teil gegen nicht-staatliche bewaffnete Gruppen ausgetragen.

Heute umfasst die Beschreibung »asymmetrischer« oder »neuer Kriege« zuweilen auch andere Merkmale. Zum einen wird damit auf die privatisierte oder kommerzialisierte Form organisierter Gewalt verwiesen. Die Akteure haben in diesen Fällen ein genuines Interesse, den Krieg weiterzuführen – nicht um ihn zu gewinnen, sondern weil sie vom Krieg ernährt werden und von ihm profitieren. Krieg wird zum Selbstzweck, für externe Vermittlungsversuche und einen Interessenausgleich bleibt wenig Raum. Zum anderen sollen asymmetrische Kriege sich durch eine dezentrale Organisation einer Kriegspartei auszeichnen. Dies unterscheidet sie in der Tat von den traditionellen Guerillakriegen. Allerdings verweisen Militärhistoriker darauf, dass diese dezentrale Struktur für afghanische Aufstände gegen externe Militärmächte schon immer zu beobachten war.[9]

Wenn die Bundesregierung suggeriert, in Afghanistan sei man ja eigentlich erfolgreich, wenn nur diese »asymmetrische Kriegführung« nicht wäre, dann ist es an der Zeit, dass das überkommene Bild vom Krieg gründlich überdacht wird. Der Irakkrieg mache »deutlich, welche Gefahr es mit sich bringt, die eigene Vorstellung vom Krieg«, so Mary Kaldor, »nicht an die neuen globalen Umstände anzupassen.«[10] Das gilt auch für den Afghanistankrieg.

Natürlich soll in den Klagen der Bundesregierung über den »asymmetrischen Ansatz« mitschwingen, dass man Gegner vor sich hat, die auch gegen eindeutig als Zivilisten erkennbare Menschen, und nicht nur gegen NATO-Truppen vorgehen und daher besonders unmenschlich sind. Die Frage ist nur, was dieser moralische Hinweis an der Situation ändert. Bedenkt man die Ausgangslage des Kriegs, wirkt das schon absurd: Einerseits begründet man den Einsatz in Afghanistan damit, dass dort der Kampf gegen die schlimmsten Terroristen der Welt geführt werde, der Endkampf Gut gegen Böse. Andererseits wird so getan, als erwarte man bei dieser vermeintlichen Entscheidungsschlacht der westlichen Zivilisation Gentlemen, die sich an einen ehrenvollen Kriegskodex halten. Diejenigen in Regierung, Parlament und Medien, die sich davon überrascht zeigen, demonstrieren damit vor allem eines: dass ihre Vorstellung von Kriegführung auf einem Bild von geordneten Schlachtfeldern mit Armeen ähnlicher Größe und technologisch ähnlicher Ausrüstung aus vergangenen Jahrhunderten beruht. Und selbst das wäre ein eher verklärender Rückblick: Krieg war schon immer eine äußerst ungemütliche Angelegenheit.

Zum anderen, so die zweite Argumentationslinie der Bundesregierung, betreffe dies alles »in erster Linie den Süden und Osten des Landes, auf den sich mehr als 90 Prozent aller sicherheitsrelevanten Vorfälle konzentrieren«. Anders formuliert: All
das findet außerhalb des Zuständigkeitsbereichs der Bundeswehr statt, damit haben wir also nichts zu tun. Im Süden und Osten Afghanistans mag es ja so etwas wie Krieg geben, aber unsere
Soldaten sind weit davon entfernt. Das Parlament, soll dies wohl
bedeuten, brauche sich keine Sorgen zu machen, dass Angehörige der Bundeswehr von diesen »sicherheitsrelevanten Vorfällen« betroffen sein könnten. Außerdem ist das eingebaute Selbst-
lob unverkennbar: Im Norden, dort, wo die guten Deutschen sind,
passiert sehr viel weniger als im Süden und Osten, wo die Amerikaner das Sagen haben. Unser Vorgehen, die Präsenz der Bundeswehr ist nicht das Problem. Leider machen die Amerikaner und
ein paar andere Verbündete, die Briten, die Kanadier und die Nie-
derländer, nicht alles so gut wie wir.

Das Beharren auf den Unterschieden zwischen dem Norden
und dem Rest Afghanistans bedeutet entweder, dass die Bundesregierung sich nicht tatsächlich als Teil der ISAF betrachtet. Denn
ISAF ist nun einmal für ganz Afghanistan zuständig, und auch
die Angriffe auf tatsächliche oder vermeintliche Talibanstellun-
gen finden im Rahmen der ISAF-Operationen statt. Das Hoch auf
die internationale Solidarität, mit dem der Einsatz der Bundeswehr auch begründet wird, wäre dann hinfällig. Oder aber die
Bundesregierung betrachtet den Norden als ein Land, den Süden
und den Osten als ein anderes. Bei solch einer Sichtweise wäre
das Herausstellen der positiven Entwicklungen, die sich ausschließlich auf das Einsatzgebiet der Bundeswehr im Norden be-
schränken, einigermaßen plausibel. Das würde sich allerdings
schlecht mit dem Ziel des Aufbaus eines einheitlichen afghanischen Staats vertragen.

Auf welch schwer zu erschließender Logik auch immer diese

argumentative Konzentration auf den Norden des Landes basieren mag, sie klammert den größten Teil des ISAF-Einsatzes aus. Die Bundesregierung und mit ihr eine große Mehrheit der Parlamentarier tun so, als habe die Bundeswehr mit den übrigen, ebenfalls unter dem Kommando der NATO stehenden ISAF-Operationen nichts zu tun. Da sind halt so ein paar rüpelhafte Amerikaner am Werk, die können das nicht. Die sollten mal so sensibel vorgehen wie wir. Wenn der Unterschied tatsächlich am sensibleren Umgang läge, wäre es konsequent, für eine Weile mit den im Süden und Osten eingesetzten Einheiten zu tauschen, um den dort agierenden NATO-Streitkräften zu zeigen, wie man es richtig macht.

Selbstverständlich wird das nicht passieren. Denn es ist nicht ruhiger im Norden, weil dort die Deutschen stehen. Sondern die Deutschen stehen im Norden, weil es dort ruhiger ist als im Süden und Osten. Die Bundeswehr ist weitgehend von Verbündeten umgeben: von Warlords, die vom Einmarsch der USA und der NATO profitiert haben. Die NATO-Truppen im Süden und Osten stehen dagegen Gruppen gegenüber, die das Pech haben, gerade als Feinde der USA zu gelten und derzeit nicht auf deren Gehaltsliste stehen.[11]

Die große Mehrheit der Akteure in Regierung, Parlament, Beratungsinstituten und Medien pflegt nicht nur ein altertümliches Bild vom Krieg, sie suggeriert zudem, dass die Bundeswehr vieles besser macht als die US-Streitkräfte. Ausgerechnet diejenigen, die stets die unverbrüchliche Waffenbrüderschaft mit der NATO und den USA predigen, setzen hier ganz nebenbei auf antiamerikanische Stimmungen in der Bevölkerung. Das gilt nicht nur für den Afghanistaneinsatz. Es bestimmt die politische Vermarktung der Bundeswehr insgesamt. Die Amerikaner bomben. Die Bundeswehr baut auf. Die großen Deutschlandfahnen, die jedes Bundeswehrfahrzeug in Afghanistan schmücken, bedeuten ja auch: Nicht schießen, wir sind keine Amerikaner! Wir unterstützen die ISAF-Operationen, aber wir machen es richtig. Wir stehen zwar in Afghanistan, aber wir sind nicht so wie die anderen.

Nur aufgrund dieser Haltung ist eine der größten Absurditäten der deutschen militärpolitischen Debatte zu verstehen. Es gibt ein geradezu kultisch anmutendes Beharren auf einer Trennung des ISAF-Einsatzes auf der einen Seite und der Beteiligung an der *Operation Enduring Freedom* auf der anderen. Das Verhältnis der beiden Einsätze war von Beginn an höchst merkwürdig. *Operation Enduring Freedom* – kurz OEF – taufte die US-Regierung alle ihre militärischen Aktivitäten, die nach den Anschlägen vom 11. September 2001 vorgeblich gegen den »internationalen Terrorismus« gerichtet waren. Im Mittelpunkt stand der Krieg in Afghanistan. Im November 2001 beschloss der Deutsche Bundestag die Teilnahme an der *Operation Enduring Freedom*. Das Mandat umfasste unter anderem den Einsatz des Kommandos Spezialkräfte (KSK), Marineeinheiten am Horn von Afrika sowie die Stationierung von Chemiewaffen-Spürpanzern in Kuwait. Dabei bezog sich der Bundestag auf das Selbstverteidigungsrecht jedes Staats unter Artikel 51 der Charta der Vereinten Nationen. Sowohl die KSK in Afghanistan als auch die Fregatten vor Dschibuti waren und sind der Form nach also eingesetzt, um einen Angriff auf das Territorium der Vereinigten Staaten abzuwehren. Auch sieben Jahre nach den Anschlägen von New York und Washington steht dieser Bezug in den Mandatsbeschlüssen des Bundestags. Noch immer ist die Bundeswehr demnach mit der Verteidigung der USA beschäftigt.

Im Dezember 2001 beschloss der Bundestag das Mandat für die *International Security Assistance Force* (ISAF) – in der offiziellen deutschen Übersetzung »Internationale Sicherheitsunterstützungstruppe« genannt. Ihre Aufgabe sollte es sein, die in Folge der Afghanistan-Konferenz auf dem Petersberg bei Bonn eingesetzte Übergangsregierung und das internationale Perso-

nal in Kabul zu schützen. Das Mandat, sowohl des UN-Sicherheitsrats als auch des Bundestags, war strikt auf das Gebiet der afghanischen Hauptstadt beschränkt. Diese Beschränkung wurde
aufgeweicht, als die Bundeswehr 2003 einen Außenposten in
Kundus errichten wollte. Endgültig aufgehoben wurde die geographische Beschränkung im Jahr 2005. Seitdem operiert die
ISAF in ganz Afghanistan. Faktisch bedeutet dies, dass ein Großteil der US-amerikanischen und britischen Truppen statt unter
OEF nun unter ISAF-Kommando stehen. Ihr Vorgehen hat sich
dadurch nicht verändert. Dieselben Luftangriffe werden seitdem
auch unter dem Kommando der ISAF geflogen.

Doch das Nebeneinander von OEF und ISAF in Afghanistan war
von Beginn an eine absurde Konstruktion. Einerseits wurde mit
ISAF eine sogenannte Schutztruppe installiert, andererseits setzten teilweise dieselben Staaten, die an ISAF beteiligt waren, unter
einem formell getrennten Kommando, den im Oktober 2001 begonnenen Krieg gegen al-Qaida und die Taliban fort. Der UN-Sicherheitsrat hatte also Staaten mit der Aufstellung einer Schutztruppe beauftragt, die gleichzeitig in demselben Land noch offen-
siv Gewalt anwendeten.

Ebenso absurd ist die in den Bundestagsmandaten festgeschrie-
bene Begründung für die deutsche Teilnahme: Das OEF-Mandat
bezieht sich nicht nur auf Artikel 51 der UN-Charta, sondern auch
auf Artikel 5 des NATO-Vertrags, die nie zuvor angewendete Beistandsklausel der Militärallianz. Die NATO als Organisation hat
aber mit der Durchführung von OEF nichts zu tun. Das Bündnis
hatte nach dem 11. September den Bündnisfall ausgerufen. An
der Kriegführung ist die NATO paradoxerweise aber nicht beteiligt. Bis heute läuft OEF im Rahmen einer losen »Koalition der
Willigen«, außerhalb des NATO-Rahmens, unter alleinigem Kommando der Vereinigten Staaten. Bei der ISAF ist es genau umgekehrt. Der Einsatz wird von der NATO organisiert. Anders als bei
OEF bezieht man sich zu seiner Legitimierung aber nicht auf die

Beistandsklausel unter Artikel 5 des NATO-Vertrages. Beim ISAF-Einsatz versteht sich die NATO als Subunternehmer des UN-Sicherheitsrates. Streng genommen hat die ISAF mit dem sogenannten »Krieg gegen den Terror« gar nichts zu tun.

Eigentlich ist OEF also – folgt man der eigenwilligen Definition des Bundestagsmandats – ein Einsatz zur Verteidigung. Aber so ganz glauben das offenbar nicht einmal diejenigen, die dem Einsatz jährlich zustimmen. Anders sind die Verrenkungen und Distanzierungen nicht zu erklären. Was passiert hier? Der Bundestag beschließt die Beteiligung an einem von der Bundesregierung beschlossenen Einsatz. Soweit in Ordnung. Wenige Wochen später beschließt der Bundestag die Beteiligung an einem weiteren von der Bundesregierung beantragten Einsatz. Man kann gegen den einen oder den anderen sein. Das ist hier nicht relevant. Bis hierher ist noch alles plausibel. Doch dann wird, immer wenn dessen Verlängerung ansteht, für den einen Einsatz – ISAF – damit geworben, dass dieser mit dem anderen Einsatz – OEF –, der von derselben Regierung und demselben Parlament mit ein paar Wochen Abstand ebenfalls abgesegnet wird, nichts zu tun habe. Exekutive und Legislative verbrauchen einen beträchtlichen Teil ihrer politischen Energie damit, sich von einer militärischen Operation zu distanzieren, zu der sie selbst einen Beitrag leisten. Eine politische Autoimmun-Reaktion. Wer dafür eintritt, das eine vom anderen abzugrenzen, der fordert die Abgrenzung von den eigenen Beschlüssen. Entweder steht das Parlament zu den Zielen, die in dem OEF-Mandat formuliert wurden – dann gibt es keinen Grund, sich hinter einer angeblichen Trennung zu verstecken. Oder aber die Ziele und die Mittel von Enduring Freedom werden nicht geteilt – dann gilt es im Parlament dagegen zu stimmen.

Das Problem vieler Abgeordneter ist, dass sie inzwischen das, was sie in die Mandate für Auslandseinsätze hineininterpretieren, für ihren tatsächlichen Inhalt halten. Dagegen gibt es Abhilfe: die selbst abgesegneten Beschlüsse sorgfältig zu lesen. Denn im Mandatsbeschluss für OEF ist der Auftrag deutlich beschrieben: »Diese Operation hat zum Ziel, Führungs- und Ausbildungseinrichtungen von Terroristen auszuschalten, Terroristen zu bekämpfen, gefangen zu nehmen und vor Gericht zu stellen sowie Dritte dauerhaft von der Unterstützung terroristischer Aktivitäten abzuhalten.«[12] Viel weiter, als im OEF-Mandat des Bundestags ausgeführt, kann ein militärischer Auftrag kaum gehen. Für die Ausgestaltung ist denkbar viel Spielraum. Nur Einschränkungen lassen sich in diese Sätze nicht hineinlesen. »Ausschalten«, das bedeutet selbstverständlich im Zweifelsfall auch Zerstören und Töten. Es geht um das gezielte Töten mutmaßlicher Terroristen. Wenn Militärs anderer Länder so etwas tun, wird diese Praxis des *target killing* als inakzeptabel angeprangert, erteilt man jedoch den eigenen Soldaten dazu das Mandat, scheint das in Ordnung zu gehen. Angehörige der Bundeswehr wurden wohl nie tatsächlich dazu eingesetzt. Aber im Bundestagsmandat steht es nun einmal so. Wenn dies nicht zu den Aufgaben zählt, ist der Auftrag, streng genommen, nicht erfüllt. Das gilt auch für den Rest des Bundestagsbeschlusses. Denn »Bekämpfen« bedeutet ebendies: den Kampf mit der Waffe. Und auch der Auftrag, Personen »gefangen zu nehmen und vor Gericht zu stellen«, ist unmissverständlich.

Zwar sind Abstimmungen im Bundestag über Auslandseinsätze der Bundeswehr längst zur Routine geworden. Bei der Vielzahl der Operationen vergeht kaum ein Monat, in dem der Bundestag nicht irgendeinen Auslandseinsatz absegnen muss. Aber sie haben auch rein formal immer noch einen besonderen Status. Wie bei nur wenigen Gesetzesentwürfen und Beschlüssen des Parlaments wird über die Mandate für Auslandseinsätze grundsätzlich in Form einer »namentlichen Abstimmung« entschieden.[13] Jeder und jede Abgeordnete steckt dazu eine mit seinem oder ihrem Namen gekennzeichnete Plastikkarte, deren Farbe

Zustimmung, Ablehnung oder Enthaltung markiert, in eine Wahlurne. Das Abstimmungsverhalten jedes und jeder einzelnen Abgeordneten ist so nachvollziehbar und wird im Protokoll aufgeführt. Wenn man auch nicht erwarten kann, dass jeder Parlamentarier jede Vorlage einer Legislaturperiode gründlich liest – vor namentlichen Abstimmungen sollte man dies gleichwohl voraussetzen dürfen.

Doch das OEF-Mandat haben einige Abgeordnete offensichtlich nicht gründlich genug gelesen. »Ich finde die Vorstellung unerträglich«, so Claudia Roth, Grünen-Vorsitzende und Mitglied des Deutschen Bundestags, im Oktober 2006, »dass deutsche Soldaten mitmachen oder zuschauen, wenn Menschen gequält werden, wenn Leute ohne Rechtsbeistand in Lager verschleppt werden.«[14] Zu dieser Zeit beherrschten die Vorwürfe des Murat Kurnaz die Berichterstattung, Soldaten der Bundeswehr-Spezialeinheit KSK hätten ihn in einem US-Lager in Afghanistan misshandelt. Unumstritten ist seitdem jedenfalls, dass deutsche Soldaten in solchen Lagern eingesetzt wurden. Und mit dem Mandat dürfte dies sogar konform gehen. Die Äußerung Roths zeigt, mit welchen Illusionen führende politische Akteure in Deutschland Einsätze der Bundeswehr betrachten. Gab es nicht schon seit 2002 seriös anmutende Medienberichte über die Zustände in den von den US-Streitkräften betriebenen Lagern für von ihnen als »feindliche Kämpfer« oder Terroristen identifizierte Gefangene? Und wie kann man darüber ernsthaft entsetzt sein, dass sich KSK-Soldaten in solchen US-Lagern aufhalten, wenn man ihnen zuvor mit dem OEF-Beschluss den Auftrag erteilt hat, Gefangene zu machen? Aus dem parlamentarischen Auftrag folgte doch, dass das KSK entweder selbst Gefangene macht, wie im Mandat des Bundestags eigentlich vorgesehen, oder sich an US-Aktionen zur Jagd auf tatsächliche oder vermeintliche Terroristen beteiligt. Was sonst sollte die Aufgabe der OEF-Truppen in Afghanistan gewesen sein?[15]

Die Abgeordneten zeigten sich lange wenig interessiert daran, was genau geschah. Erst im Jahr 2006 erklärte die Bundesregierung auf Anfrage, es würden »keine Statistiken über Personen geführt, die ›aufgrund der Teilnahme der Bundeswehr an OEF‹ vor Gericht gestellt wurden oder werden.«[16] Spitzfindig führte die Bundesregierung aus, Bundeswehrsoldaten würden in Afghanistan niemanden festnehmen, sie dürften nur Personen »festhalten«. Es würden aber »weder Übersichten über Übergaben Gefangener an afghanische Behörden oder verbündete Streitkräfte durch Kräfte der OEF geführt noch über die Bedingungen von Gerichtsverfahren und über Gerichtsorte«. Kurz gesagt: Wir machen zwar mit bei der OEF, aber was da genau passiert, interessiert uns nicht.

Wie wenig ernst die Abgeordneten ihre eigenen Einsatzbeschlüsse nehmen, zeigte sich erneut im Dezember 2008, als den bis dahin unter OEF-Mandat fahrenden Schiffen am Horn von Afrika mit der ATALANTA genannten Anti-Piraten-Mission ein zusätzlicher Auftrag erteilt wurde.[17] Wochenlang gab es im Vorfeld dieses formell neuen Bundeswehreinsatzes Kontroversen darüber, ob Soldaten Gefangene machen dürfen und wenn ja, wie mit ihnen umzugehen sei. Es wurde also plötzlich ein vermeintlich neues Problem entdeckt, dass tatsächlich mit dem OEF-Mandat schon seit Ende 2001 bestand.

Die Informationspolitik um das Kommando Spezialkräfte ist an sich schon ein Anzeichen für eine heuchlerische Politik. Der erste KSK-Einsatz war im Frühjahr 2002 nur durch Äußerungen von US-Senatoren bekannt geworden.[18] Absurderweise ging die rot-grüne Bundesregierung daraufhin die Verbündeten in Washington harsch an und beschwerte sich über diese ihr zu freizügige Informationspolitik.[19] Dass ausgerechnet US-Politiker den deutschen KSK-Einsatz preisgaben, zeigt, dass das Schweigen der Deutschen über die Spezialkräfte nicht, wie vorgegeben, dem Schutz der eingesetzten Soldaten diente. Wenn selbst die OEF-Führungsmacht etwas ausplaudert, kann die Information so gefährlich nicht sein. Es ging eher um das Bestreben der deutschen Regierung, die eigenen Wähler nicht zu beunruhigen. Und die meisten Abgeordneten waren wohl auch ganz froh, so wenig wie möglich über das zu erfahren, was sie im November 2001 im Bundestag abgesegnet hatten. Denn der Einsatz des KSK war im beschlossenen Mandat für die Teilnahme der Bundeswehr am Anti-Terror-Krieg explizit vorgesehen: »Spezialkräfte, circa 100 Soldaten«.[20]

Eine neue Dimension erlangte die Geheimnistuerei um das KSK und die Trennung von ISAF und OEF mit dem öffentlichen Kundtun des Bundesverteidigungsministers Franz Josef Jung im Oktober 2006, seit seinem Amtsantritt Ende 2005 sei das KSK nicht unter dem Mandat der OEF im Einsatz gewesen. Was als beruhigende Maßnahme gedacht war und in weiten Teilen der Medien auch so funktionierte, warf tatsächlich neue Fragen auf. Zum einen hatte der Minister die von seinen Vorgängern erfundene und von den meisten Wehrpolitikern streng beachtete Regel gebrochen, nicht über das KSK zu sprechen. Wenn aber über den Zeitraum des Nicht-Einsatzes gesprochen werde durfte, dann konnte die Zeit des Einsatzes auch nicht mehr geheim sein. Zum anderen hatte Jung seine Erklärung explizit auf das OEF-Mandat bezogen. Das aber hieß, dass das KSK unter dem ISAF-Mandat sehr wohl in Afghanistan eingesetzt werden könnte. Der Ende 2008 auf Drängen der SPD erfolgte Ausschluss des KSK aus dem OEF-Mandat bedeutet also nicht, dass die Spezialkräfte nicht unter ISAF in Afghanistan agieren können.

Selbst vielen Bundestagsabgeordneten fällt auf die Frage nach dem Einsatzgebiet der OEF nur Afghanistan ein. Das Mandatsgebiet umfasst jedoch, laut Bundestagsbeschluss, die »arabische Halbinsel, Mittel- und Zentralasien und Nord-Ost-Afrika sowie die angrenzenden Seegebiete«. Und in der Tat lag und liegt das Haupteinsatzgebiet im vermeintlichen Antiterrorkrieg in einer ganz anderen Region der Welt, zumindest wenn man die quanti-

tative Beteiligung von Bundeswehrangehörigen als Maßstab an-
legt. Neben einer Handvoll Verbindungsoffiziere in Florida, maximal hundert KSK-Soldaten in Afghanistan und einigen in Köln/
Bonn in Bereitschaft stehenden Sanitätern war der Großteil des
Kontingents stets für die Marine vorgesehen, die am Horn von
Afrika, vor der Küste von Dschibuti, Terroristen jagen sollte.[21] Allerdings hat noch keines der dort im Einsatz befindlichen Schiffe
oder Seeaufklärer je eine im OEF-Mandat des Bundestags festge-
legte Aufgabe erfüllt. Jedenfalls lagen der Bundesregierung Ende
2006 »keine Erkenntnis darüber vor, dass Terroristen im Rahmen der OEF (Marine) am Horn von Afrika durch OEF-Einheiten
gefangen genommen worden sind«. Ihre Hauptaufgabe bestand
tatsächlich darin, in der Vorbereitung der Irakinvasion US-Kriegs-
schiffe zu eskortieren. Im November 2006 gestand die Bundesregierung implizit ein, die USA vor und während des Irakkriegs aktiv unterstützt zu haben. Sie lieferte aufgrund einer Anfrage im
Parlament eine lange Liste aller »Geleitschutzaufträge« für US-
Kriegsschiffe und zum Transport von Kriegsmaterial angemie-
tete US-Handelsschiffe.[22]

Mit dem Bundestagsmandat hat der Einsatz schon lange nichts
mehr zu tun. Für den Einsatz der Marine wurde deshalb unter
Wehrpolitikern auch lange nach einer neuen Begründung gesucht. Schon Ende 2005 sprach der für die Bundeswehr zuständige SPD-Abgeordnete öffentlich davon, dass eine neue Begründung für die Präsenz der deutschen Marine am Horn von Afrika
gefunden werden sollte.[23] Drei Jahre später war es soweit. Jetzt
sollten dieselben Schiffe, die zuvor angeblich zum Terrorschutz
unterwegs waren, vor Somalias Küste Piraten jagen.[24]

Die sich ständig verändernden Aufgaben der unter dem Mandat des »Anti-Terror-Kriegs« entsandten Kräfte zeigen: Vor lauter
hochtrabenden Debatten über moralische und rechtliche Kriterien geraten Sinn und Zweck eines Einsatzes schnell in Vergessenheit. Das gilt auch für einen weiteren Marineeinsatz, der

selbst in der interessierten Öffentlichkeit kaum noch Beachtung findet: der Einsatz vor der Küste Libanons, über den noch im September 2006 mit dem größten anzunehmenden Pathos gestritten wurde: Es ging wieder einmal um Legalität und Legitimität einer Entsendung der Bundeswehr. Es ging darum, »als Teil der europäischen Familie sowohl das Existenzrecht Israels« zu schützen, so Bundesaußenminister Frank-Walter Steinmeier, als auch »die staatliche Souveränität des Libanon und die Autorität der libanesischen Regierung zu stärken.«[25] Nur durch den Einsatz bestehe »eine Chance für eine friedliche, politische Lösung in Nahost«, erklärte Verteidigungsminister Franz Josef Jung damals im Bundestag.[26] Alles spreche dafür, so SPD-Fraktionsvize Walter Kolbow, »dass die Schaffung des Friedens ohne die Sicherung durch militärische Optionen nicht möglich sein wird«.[27] Und natürlich durfte der Hinweis auf die Vereinten Nationen nicht fehlen: »Mit der Entscheidung über die Entsendung der Bundeswehrsoldaten, mit der Entscheidung über UNIFIL«, wusste Bundesentwicklungshilfeministerin Heidemarie Wieczorek-Zeul, »ist auch eine Stärkung der UN verbunden.«[28]

Bei so überhöhten Erwartungen mussten einem die eingesetzten Seeleute leid tun. Was sollten sie nicht alles bewerkstelligen: den Nahost-Friedensprozess in Gang bringen, Israel und Libanon gleichzeitig schützen und dann auch noch ganz nebenbei die Vereinten Nationen stärken. Tatsächlich funken die Besatzungen der deutschen Schnellbote vor der Küste Libanons anlaufende Schiffe an. Und wenn aus irgendwelchen Gründen ein nicht näher definierter Verdacht besteht, eskortieren sie das betroffene Schiff in einen libanesischen Hafen, wo es dann von libanesischen Offiziellen untersucht wird. Das ist ziemlich banal. Zu banal für eine deutsche Debatte über einen Bundeswehreinsatz. Die Frage, ob der Einsatz der Bundesmarine dort überhaupt das selbst gesetzte Ziel erreichen kann, wurde nie gestellt. Auch mehr als zwei Jahre nach Beginn der Operation wird nicht danach gefragt. Dass dies die Befürworter nicht tun, liegt auf der Hand. Sie würden nur Zweifel an der Weisheit ihrer damaligen Entscheidung nähren. Doch auch von den Kritikern ist zwei Jahre nach Beginn des Einsatzes wenig zu hören. Denn zu einer Konfrontation, zu einer Eskalation der Gewalt ist es durch den Einsatz nicht gekommen. Keine Schüsse, keine unschönen Bilder. Es ist alles ruhig. Aufgebaute Schreckensszenarien haben sich nicht bewahrheitet. Also gibt es offenbar auch keinen Grund, den Einsatz infrage zu stellen.

Wieder gilt: Solange die Bundeswehr nicht auffällig wird, solange sich niemand über sie beschwert, solange der Einsatz also nicht offensichtlich illegitim oder unmoralisch ist, ist er für die politische Debatte uninteressant. Auch für die mediale Begleitung gilt: Es ist alles rechtens, keine Spannungen, keine Skandale, kein Blut. Das Thema ist durch. Wer fragt noch nach dem ursprünglichen Auftrag, nach den Zielen, die sich die Einsatzbefürworter gesetzt haben? Sie dürften heute selbst noch kaum in der Lage sein, sie zu definieren.

Dabei liegt in diesem Fall sogar eine höchst offizielle Bilanz vor. Sie ist enthalten in den regelmäßigen Berichten des UN-Generalsekretärs über den UNIFIL-Einsatz.[29] In den ersten anderthalb Jahren seit Beginn der Stationierung der Bundesmarine im Mittelmeer wurden von der UNIFIL Maritime Force 12 500 Schiffe aufgehalten und über Funk abgefragt. Die Zahl ist beeindruckend. Doch sie listet eben nur die Zahl der Funksprüche auf. Als verdächtig deklariert waren gerade einmal siebzig Schiffe, wie auch immer dies definiert sein mag. Sie wurden von libanesischen Offiziellen inspiziert und schließlich freigegeben. Von einem Fall, in dem tatsächlich Waffen gefunden wurden, ist in den UN-Berichten nichts zu finden. Auch aus anderen, öffentlich zugänglichen Quellen ist dazu nichts bekannt. Eine solch dürftige Ausbeute ist offenbar selbst den Mitarbeitern im New Yorker UN-Sekretariat ein wenig unangenehm. Im Entwurf des Frühjahrsberichts 2008 waren sie bemüht, wenigstens einen Absatz von durchschnittlicher Länge über die maritime Streitmacht einzufügen. So wird ausführlich von der Beteiligung der UNIFIL an einer Rettungsaktion für einen in Not geratenen libanesischen Frachter berichtet. Das ist lobenswert. Bloß mit dem Mandat der UNIFIL hat dies rein gar nichts zu tun.

Ebenso wie die große Mehrheit des Bundestags ist auch für die große Mehrheit der Öffentlichkeit die Beschäftigung mit der Bundeswehr ein lästiges Randthema. Als »freundliches Desinteresse« hat Bundespräsident Horst Köhler diese Haltung anlässlich des 50-jährigen Bestehens der Bundeswehr im Jahr 2005 genannt.[30] »Gewiss, die Bundeswehr ist gesellschaftlich anerkannt«, was das aber genau bedeute, sei nicht so eindeutig. Ein »wirkliches Interesse an ihr«, so stellte Köhler fest, sei »eher selten«.

Der Bundespräsident relativierte damit den Wert einer Formel, die gerade bei anstehenden Jubiläen der Bundeswehr immer wieder zu hören ist. Stets ist bei solchen Anlässen von der breiten gesellschaftlichen Akzeptanz die Rede, von der Bundeswehr als angesehener Institution der Bundesrepublik. Das mag sogar stimmen. Eine generelle Ablehnung der Bundeswehr lässt sich schwerlich erkennen. Genau dieses Ergebnis ihrer eigenen, jährlich vom Sozialwissenschaftlichen Institut der Bundeswehr durchgeführten Bevölkerungsumfrage stellt auch das Verteidigungsministerium immer wieder gern heraus. Doch die Bundeswehr, die der Großteil der Befragten im Kopf hat, hat immer weniger mit der real existierenden Bundeswehr zu tun, die in allen Teilen der Welt im Einsatz ist. In der Tat dürfte es keine staatliche Institution geben, deren dramatisch veränderte Funktion in der Öffentlichkeit so wenig wahrgenommen wird wie die der Bundeswehr.[31] Das Bild der deutschen Streitkräfte, welches das positive Urteil prägt, hat kaum noch etwas mit den veränderten Strukturen und Einsatzplänen der Bundeswehr zu tun. Jenseits pauschaler Einschätzungen sehen denn auch die von der Bundeswehr selbst ermittelten Daten ganz anders aus. Zwar ist die Bundeswehr gesellschaftlich akzeptiert, nicht aber sind es die Kriegseinsätze, auf die sie sich zunehmend konzentriert. Obwohl die ISAF von den vom Bundeswehrinstitut beauftragten Fragestellern fälschlicherweise als »Friedenstruppe der Vereinten Nationen in Afghanistan« bezeichnet wurde, lag die vorbehaltlose Zustimmung zum ISAF-Einsatz bei bescheidenen 30 Prozent.[32]

Die Diskrepanz zwischen dem positiven Bild der Bundeswehr insgesamt und dem eher negativen Bild, wenn es um deren konkrete Einsätze geht, kommt nicht von ungefähr. Sie ist das Ergebnis einer Strategie, die darauf aus ist, die deutsche Öffentlichkeit, die bis vor 15 Jahren der Überzeugung war, Soldaten gehörten in die Kaserne und dienten der Landesverteidigung, allmählich an das Bild vom Bundeswehrsoldaten im Kriegseinsatz zu gewöhnen. Es begann mit ein paar Sanitätern in Kambodscha und einer kleinen Truppe in Somalia. Die Einsätze waren ohne großes Risiko. Präsentiert wurde die Bundeswehr dort als Truppe leichtbewaffneter Rotkreuzhelfer in Uniform. Die Salamitaktik funktionierte. Große Widerstände gab es nicht.[33] Insgesamt war die Strategie erfolgreich. Doch aus Sicht der Interventionsbefürworter trat ein Kollateralschaden ein. So hatte sich die Öffentlichkeit zwar an die eher gefahrlosen Bundeswehreinsätze gewöhnt. Doch damit hatte sich auch das zunächst zu eben diesem Zweck verbreitete Bild festgesetzt, dass eigentlich jeder Auslandseinsatz im Grunde harmlos sein würde. Es ist schon erstaunlich, wenn nun ausgerechnet der Erfinder dieses Vorgehens, der ehemalige Verteidigungsminister Volker Rühe, beklagt, dass die Deutschen ein ganz falsches Bild von der Bundeswehr und ihrem Auftrag hätten.[34]

Das orwellhaft anmutende Gerede über »friedenserzwingende Maßnahmen«, über Operationen »hoher Intensität« oder »robuste Einsätze« hat vor allem eines befördert: robuste Illusionen. Die Befürworter von Interventionen fühlen sich in ihrem Glauben bekräftigt, mit militärischen Mitteln fast alles erreichen zu können. Bei vielen, die sich kaum oder gar nicht mit der Bundeswehr befassen, hat diese Art von Schönrednerei dazu geführt, dass sie die Bundeswehr tatsächlich für eine Wolldecken und Lebensmittelkonserven verteilende Wohltätigkeitsorganisation halten. Das schlägt übrigens selbst bis auf die Ebene des Parlaments durch. Als 2007 erstmals über den Einsatz von Bundeswehrtornados in Afghanistan gestritten wurde, äußerten dem Vernehmen nach tatsächlich einige Abgeordnete einer Regierungsfraktion die Sorge, die Bundeswehr könne sich nun in Afghanistan an kriegerischen Aktionen beteiligen. Und als es 2008 um die Übernahme der Kampfeinheit *Quick Reaction Force* innerhalb der ISAF durch die Bundeswehr ging, will ein SPD-Wehrpolitiker von einer Fraktionskollegin darum gebeten worden sein, ihr zu versprechen, dass »die da nicht schießen.«[35] Man mag über die Naivität dieser Abgeordneten lächeln. Im Grunde nehmen sie nur die offizielle Regierungsversion ernst, deren Anliegen es ist, das Geschehen in Afghanistan zu verharmlosen. Die Tornados, so etwa die Sprachregelung, sind natürlich nicht dazu da, Ziele für Bombenabwürfe zu suchen. Nein, so etwas machen wir nicht. Wir setzten sie nur dazu ein, um sicherzustellen, dass keine Unschuldigen getroffen werden. Wir suchen sozusagen die Nicht-Ziele.

Gerade die für die Bundeswehr verantwortlichen Akteure in Regierung und Parlament beklagen gelegentlich das Desinteresse beim demokratischen Souverän, wenn es um Fragen der Bundeswehr und der Außenpolitik geht. Gern werfen sie dem Volk dann eine Abschottungshaltung vor. Es wird beklagt, die breite Öffentlichkeit habe sich schlicht noch nicht dem Wandel der Zeit gestellt. Dabei weisen auch die Zahlen der vom Bundesverteidigungsministerium bezahlten Sozialwissenschaftler gerade nicht darauf hin, dass es ein ungewöhnlich hohes Desinteresse am Geschehen im Rest der Welt gibt. Das Interesse könnte zwar größer sein, aber im Vergleich mit der Bevölkerung von Militärmächten ähnlicher

Größenordnung ist der außenpolitische Kenntnisstand der Deutschen nicht so katastrophal.[36] Eine überproportional hohe Skepsis gibt es allerdings mit Blick auf die Anwendung militärischer Macht.

Immer deutlicher wird in diesem Zusammenhang ein Widerspruch, den aufzulösen offenbar keiner der Interventionsbefürworter in der Lage ist. Einerseits wird zunehmend auch öffentlich die fehlende Unterstützung einer Bevölkerungsmehrheit für die Auslandseinsätze der Bundeswehr beklagt. Andererseits spricht man im Bundestag gern davon, sich bei derart wichtigen Entscheidungen nicht von Stimmungen in der Bevölkerung abhängig machen zu wollen. »Wir sollten uns nicht dem Druck des Terrors beugen oder uns durch Wahlen den klaren Blick trüben lassen«, so der CDU-Abgeordnete Bernd Schmidbauer, einst Geheimdienstkoordinator in Helmut Kohls Kanzleramt, bei der Parlamentsdebatte über den ISAF-Einsatz im Oktober 2008.[37] Hier wird also demokratische Teilhabe mit terroristischen Drohungen gleichgesetzt. In ähnlicher Weise äußerte sich der außenpolitische Sprecher der SPD-Fraktion Gert Weisskirchen. »Wer sich bei der Abstimmung über die Fortsetzung des Mandats, die die Bundesregierung heute vorschlägt, der Stimme verweigert oder der Stimme enthält«, so Weisskirchen, »stärkt die Taliban«.[38] Die Kritiker eines Bundeswehreinsatzes werden so selbst zum Feind erklärt.

Eine demokratische Debatte funktioniert anders. Man kann nicht darüber jammern, dass der Souverän im demokratischen Staat nicht von der Notwendigkeit dessen überzeugt ist, was die große Mehrheit des Parlaments in Sachen Bundeswehr beschließt und gleichzeitig so tun, als sei die hohe Staatskunst der Außenpolitik und des Militärwesens für kontroverse Auseinandersetzungen ungeeignet. Bei allem Klagen über das »freundliche Desinteresse« der Öffentlichkeit gegenüber der Bundeswehr ist daher fraglich, ob der Wunsch nach einer intensiv geführten militärpolitischen Debatte tatsächlich besteht. Als Anfang des Jahres 2008 die kritischen Stimmen zum Afghanistaneinsatz lauter wurden, war das den führenden Wehrpolitikern im Bundestag offenbar zu viel an Auseinandersetzung mit dem Militär. »Ich könnte mir noch intensivere Anstrengungen in der Öffentlichkeitsarbeit vorstellen, die den Leuten den Einsatz vermittelt«, so Ruprecht Polenz, Vorsitzender des Auswärtigen Ausschusses des Bundestags, im Februar 2008 am Rande der Münchener Sicherheitskonferenz.[39] Birgit Homburger forderte die Abgeordneten und sich selbst ebenfalls zu besserer PR-Arbeit auf. »Wir müssen vor allen Dingen versuchen«, so die FDP-Politikerin, »den Menschen in Deutschland zu vermitteln, warum die Bundeswehr in Afghanistan eingesetzt ist.«[40] Auch die Grünen heben sich in diesem Punkt nicht ab. »Die Regierung tut zu wenig«, klagte ihr Wehrpolitiker Winfried Nachtwei, »um der Bevölkerung glaubwürdig zu vermitteln, warum der Afghanistaneinsatz für die Bundesrepublik Sinn macht.«[41] Ganz im Dienst der Bundeswehr-PR sieht sich Andreas Schockenhoff: »Wir Parlamentarier stellen uns der schwierigen Aufgabe«, so der CDU/CSU-Fraktionsvize, »der Bevölkerung den Afghanistaneinsatz zu erklären.«[42] Sein SPD-Kollege Walter Kolbow mahnte im Bundestag nicht nur »eine aktive Vermittlung der Notwendigkeit des Einsatzes in der deutschen Öffentlichkeit« an, er verband dies gleich mit einer Schelte an die aus seiner Sicht offenbar nicht ausreichend kampfbegeisterten Journalisten im Lande: »Ich würde mich sehr freuen, wenn die deutschen Medien mehr darauf abstellen würden, was geleistet wird, und nicht nur darauf, was noch fehlt.«[43]

Der grüne Außenpolitiker Jürgen Trittin beklagt sich gar, dass in der öffentlichen Debatte über Afghanistan ein Wort benutzt wird, mit dem nun einmal große und anhaltende bewaffnete Konflikte bezeichnet werden. »Es ist ein Grundirrtum«, so Trittin im Bundestag, »dass in Afghanistan Krieg geführt wird.« Da mögen selbst das Pentagon und der US-Kongress von Krieg sprechen

– alles ein »Grundirrtum«. Vielmehr, so weiß es der deutsche Grüne besser, werde hier »auf der Basis eines Mandats der Vereinten Nationen der Versuch gemacht, dieses Land, das durch Verantwortungslosigkeit, durch Intervention anderer Mächte und durch eigene Unzulänglichkeit in einen Krieg geraten ist, wiederaufzubauen.«[44] Krieg, den führen die anderen »Mächte«. Interventionen, dafür sind andere verantwortlich. Hier gibt es ein Mandat der UN, und deshalb, so lernen wir, kann es gar keinen Krieg geben. Folgen wir dieser im Deutschen Bundestag mit großem Wohlwollen aufgenommenen Logik des ehemaligen Bundesministers Trittin, dann hat es auch 1991 keinen Golfkrieg gegeben. Auch damals wurde auf der Basis eines UN-Mandats agiert. Von einem Koreakrieg dürfen wir dann ebensowenig sprechen. Der wurde ebenfalls von einer vom UN-Sicherheitsrat gebilligten Streitmacht der Vereinten Nationen geführt.

Irrelevant scheint auch zu sein, dass im Juli 2008 erstmals mehr US-Soldaten in Afghanistan starben als im Irak. Für Deutschland kann dies kein Kriterium sein. Es geht schließlich darum, die Herrschaft des Rechts wiederherzustellen. »In Afghanistan«, folgert Trittin, »haben wir keine Irakisierung, wir haben das Gegenteil von Irakisierung.« Es sei unzulässig, das Geschehen in Afghanistan »mit einer völkerrechtlich nicht gedeckten Intervention wie im Irak« gleichzusetzen. Dabei ist die Zahl der Angriffe in Afghanistan inzwischen deutlich höher als im Irak. War das Verhältnis im Jahr 2004 noch 285 zu 86, so stehen heute 1 206 Angriffen im Irak mehr als 3 000 in Afghanistan gegenüber. Das *Air Force Magazin* vermeldet für das Jahr 2007 einen dramatischen Anstieg der Luftangriffe in Afghanistan. Die Zahl stieg von 86 Angriffen im Jahr 2004 über 176 im Jahr 2005, auf 1 770 im Jahr 2006 und 3 247 im Jahr 2007.[45] Innerhalb von drei Jahren haben sich die Bombeneinsätze also mehr als verzehnfacht. Und bereits im ersten Halbjahr 2008 wurden die Zahlen des Vorjahreszeitraums überschritten.[46]

Nicht nur die amerikanischen Luftwaffenstatistiker am Poto-
mac haben offenbar einen nüchterneren Blick auf das, was in Afghanistan passiert, als die Wehrpolitiker an der Spree. Auch in
Deutschland bedurfte es eines Militärs, der zum vorsichtigen
Nachdenken darüber anregte, ob es sich bei dem Geschehen in
Afghanistan nicht vielleicht doch um so etwas wie Krieg handeln
könnte. Der Vorsitzende des Bundeswehrverbands hatte im
September 2008 den ISAF-Einsatz als »Krieg gegen einen zu allem entschlossenen fanatischen Gegner« erklärt und so das bis
dahin in den etablierten wehrpolitischen Zirkeln bestehende
Tabu gebrochen.[47] Doch bestand der Verteidigungsminister zu-
nächst einmal darauf, dass es sich nicht um einen Krieg handle.
Bei der Trauerfeier für zwei in Afghanistan getötete Soldaten
sprach Jung im Oktober 2008 zwar erstmals von »Gefallenen«.
Aber »fallen« kann man Jung zufolge nun nicht mehr nur in einem Krieg, sondern auch »im Einsatz für den Frieden«.[48]

Würde die Bundesregierung tatsächlich den Begriff »Krieg«
akzeptieren, hätte das allerdings weitreichende Konsequenzen.
Rechtlich gesehen wäre dann kaum noch plausibel, wo der Unterschied zum im Grundgesetz beschriebenen Verteidigungsfall
liegt.[49] Für diesen Fall dürfte der Bundestag zunächst nicht mehr
neu gewählt werden und die Befehlsgewalt über die Bundwes-
wehr ginge vom Verteidigungsminister auf Kanzler oder Kanzle-
rin über. Das mühsam und scheibchenweise aufgebaute Konst-
rukt der Bundeswehr im robusten Friedenskampf bräche in sich
zusammen. Auch deshalb hatte Kanzler Gerhard Schröder, als
deutsche Tornados sich an Luftangriffen auf Jugoslawien beteiligten, darauf beharrt, dass es sich dabei nicht um eine Kriegsbeteiligung handle. »Wir führen keinen Krieg«, so der Bundeskanzler im März 1999, »aber wir sind aufgerufen, eine friedliche
Lösung im Kosovo auch mit militärischen Mitteln durchzusetzen.«[50] Einige Jahre und Auslandseinsätze später war die Lage für
Verteidigungsminister Franz Josef Jung schon komplizierter. Es

gehe um »vernetzte Sicherheit«, also »militärische Sicherheit und zivilen Wiederaufbau«. Dies aber, so der Minister im Oktober 2008, sei »etwas anderes als Krieg«.[51]

Eingesetzt wurde die ISAF ursprünglich mit dem harmlosen Mandat einer Personen- und Objektschutztruppe für Mitarbeiter der Vereinten Nationen und von Hilfsorganisationen. Offiziell ist es weiterhin die Aufgabe der ISAF, »Afghanistan bei der Aufrechterhaltung der Sicherheit so zu unterstützen«, dass die Mitarbeiter der Vereinten Nationen und anderes Zivilpersonal »in einem sicheren Umfeld arbeiten können«.[52] Wer aber eingesteht, einen Krieg zu führen, kann kaum von sich behaupten, zur »Aufrechterhaltung der Sicherheit« beizutragen. Soll nicht von einem Krieg gesprochen werden, ist es ratsam, möglichst wenig Informationen über Kampfhandlungen, Luftangriffe und die Anzahl der dabei getöteten Personen zu verbreiten. Informationen, die in den USA jedem Interessierten mit nur wenig Mühe zugänglich sind, werden in Deutschland als geheime Verschlusssache behandelt.

Die in ihren jeweiligen Fraktionen für die Bundeswehr zuständigen Abgeordneten sind ohnehin mehrheitlich der Auffassung, sich hervorragend in den Einsatzgebieten auszukennen. Sie bereisen diese Gebiete schließlich häufig. Mindestens einmal im Jahr, kurz vor der Entscheidung über die Verlängerung des jeweiligen Mandats, mutieren die Standorte der im Ausland eingesetzten Soldaten zu Touristenattraktionen, die dem Ansturm von Mandatsträgern und Journalisten kaum standhalten können. Es gibt denn auch keine Parlamentsdebatte über Auslandseinsätze, ohne dass mindestens ein Abgeordneter beiläufig, aber nicht zu überhörend erwähnt, er oder sie habe sich ja gerade erst »vor Ort« über die Lage informiert. Weniger enthusiastischen Unterstützern oder gar Gegnern der Einsätze wird damit rundweg die Urteilsfähigkeit abgesprochen, sofern sie nicht selber jene Orte besucht haben. Besonders ausgeprägt zeigte sich dies bei der schon erwähnten Debatte um die Verlängerung des Einsatzes im Oktober 2008. Reiner Arnold, Obmann der SPD-Fraktion im Verteidigungsausschuss, holte ganz groß aus. Er lobte sich und seine ebenso weit gereisten Kollegen dafür, sich »dieser Mühe unterzogen« zu haben. Es sei »sehr bequem«, so Arnold, am »warmen Schreibtisch in Deutschland Anträge zu Afghanistan zu schreiben, während man die Wirklichkeit in Afghanistan gar nicht kennen lernen will.« Wer dies nicht tue, so Arnold, der zeige, dass ihm »die Menschen in Afghanistan, um die es geht, ziemlich egal« seien.

In der Tat war Reiner Arnold gerade von einer Reise nach Afghanistan zurückgekehrt. Genau wie die anderen Obleute der Fraktionen im für die Bundeswehr zuständigen Verteidigungsausschuss. Die Abgeordneten hatten dort ein umfangreiches Programm absolviert. Fünf Tage hatten sie geopfert und ihren warmen Schreibtisch in Deutschland verlassen, um sich in das ferne Afghanistan aufzumachen und dort nicht nur Kabul, sondern auch Masar-i-Scharif und Kundus zu bereisen. Dort führten sie viele Gespräche. Sie trafen Repräsentanten der Vereinten Nationen, etwa den Sondergesandten des UN-Generalsekretärs, den norwegischen Diplomaten Kai Eide. Sie trafen auch Werner Lauk, den deutschen Botschafter in Kabul. Auch der Repräsentant der Gesellschaft für Technische Zusammenarbeit (GTZ), der bundeseigenen Entwicklungsagentur, war unter den Gesprächspartnern, ebenso wie nach Afghanistan entsandte deutsche Polizisten. Zu der langen Liste der Gesprächspartner gehörten auch hohe Offiziere der Bundeswehr: der Befehlshaber des deutschen Kontingents in Afghanistan, der Kommandeur des Regionalkommandos Nord, der Kommandeur der Quick Reaction Force, der PRT-Kommandeur, Offiziere des Stabs in Kundus und Soldaten der Schutzkompanie.[53]

Nur afghanische Gesprächspartner standen nicht auf der Liste. Dummerweise fiel der Termin der Reise ausgerechnet mit dem dreitägigen Fest des Fastenbrechens zusammen. Den mit den

Verhältnissen in Afghanistan ach so vertrauten Mandatsträgern muss das Ende des Ramadan wohl entgangen sein. Oder aber es gab andere Prioritäten, zum Beispiel die Produktion aktueller Bilder von Abgeordneten in schweren, tarnfarbenen Splitterschutzwesten kurz vor einer Bundestagssitzung, bei der es feierlich zu verkünden galt, dass man sich vor Ort über die Lage informiert habe. Man habe dabei keine Mühe gescheut, die Situation zu erkunden. Dabei haben die Abgeordneten über die von Arnold reklamierte »Wirklichkeit in Afghanistan« wohl in etwa so viel erfahren wie ein All-Inclusive-Tourist in seinem abgeschotteten Karibikressort vom wirklichen Leben in der Dominikanischen Republik.

Der demokratischen Willensbildung hätten die Abgeordnete auf andere Weise effektiver nachkommen können. Etwa durch einen Blick in den wöchentlichen Bericht des Bundesverteidigungsministeriums zur Lage in den Einsatzgebieten. Im Gegensatz zum demokratischen Souverän dürfen die Abgeordneten dieses als »VS – nur für den Dienstgebrauch« gekennzeichnete Dokument offiziell zur Kenntnis nehmen. In dem Bericht für eben jene Woche der Abgeordnetenreise Anfang Oktober 2008 steht zum Beispiel, die Bedrohung in Afghanistan sei »insgesamt erheblich«. Die Klassifizierung »erheblich« bedeutet im Bundeswehr-Jargon, dass »mit Angriffen in naher Zukunft gerechnet« wird. Wenn es um das deutsche Einsatzgebiet im Norden geht, wird zwar die Bedrohung als niedrig bis mittel eingeschätzt, in einigen Gebieten jedoch als erheblich bis hoch. Die Stufe »hoch« bedeutet, dass Anschläge in absehbarer Zeit zu erwarten sind. Für dieselbe Woche zählt der Bericht des Verteidigungsministeriums 221 »Sicherheitsvorfälle«. Darunter waren 130 Schusswechsel und Gefechte, 25 Sprengstoffanschläge (darunter zwei Selbstmordattentate), 58-mal indirekter Beschuss durch Mörser und Raketen und acht »sonstige Vorfälle«. »Insgesamt wurden bei den Vorfällen drei ISAF-Soldaten getötet und weitere 25 ISAF-Soldaten verletzt.« Zumindest über die militärischen Aktivitäten der Aufständischen wird in dem Dokument also berichtet. Eine Auflistung der militärischen Aktivitäten der ISAF sucht man allerdings selbst in diesen vertraulichen Quellen vergebens.

Da bleibt dann doch wieder nur der Blick in die täglichen Berichte der Waffenbrüder jenseits des Atlantiks. Selbstverständlich liegt auch für jeden Tag jener Woche ein ausführliches *airpower summary* vor. Allein am letzten Tag der Abgeordnetenreise, so der Bericht der US Air Force, wurden »52 Luftunterstützungseinsätze« geflogen – als »Teil der ISAF«.[54]

Die politische Verarbeitung des Afghanistaneinsatzes folgt dem militärpolitischen Dogma: Wir Deutsche führen keinen Krieg. Und wenn, dann ist es der Krieg der anderen. Oder es ist zumindest ein besonders guter Krieg. Man kann über diese Politik streiten, man kann auch zu der Einschätzung kommen, dass die Beteiligung an Kriegen notwendig und begrüßenswert ist. Doch nichts davon geschieht. Über merkwürdige Wortneuschöpfungen wie die des »robusten Einsatzes« oder des »Einsatzes für den Frieden« wagt sich kaum jemand hinaus. Derweil, das wird im Folgenden gezeigt, schreitet der Umbau der Bundeswehr voran: Es werden Waffensysteme beschafft, die es künftigen politischen Führungen einfacher machen, die Bundeswehr in Kriegseinsätze zu schicken. Und es werden politische Strukturen geschaffen, die es dem Parlament und der Öffentlichkeit erheblich schwerer machen, solche Einsätze zu stoppen. Nichts davon ist geheim.

3. Erweiterte Sinnsuche

Pandemien, Seuchen, Waffenhandel, Migration, Globalisierung, zerfallende Staaten, Proliferation, Terrorismus, Energieversorgung, Ressourcenverknappung: Nichts wird ausgelassen. Jedes einzelne dieser Stichworte ist dazu geeignet, den Leser der Hochglanzbroschüre zu alarmieren. Die Autoren an ihren Schreibtischen auf der Bonner Hardthöhe und im Berliner Bendlerblock hatten ganz offenkundig den Auftrag, alles aufzulisten, was irgendwie dazu geeignet scheint, das Sicherheitsbedürfnis des Publikums anzusprechen. Von der Angst vor Krankheiten über die Sorge vor steigenden Heizkosten bis zu schlichter Fremdenfeindlichkeit: Hier wird alles bedient.

Der eindrucksvolle Bedrohungskatalog ist einem höchst offiziellen Regierungsdokument vorangesetzt, das sich – laut Unterzeile – der »Sicherheitspolitik Deutschlands« und der »Zukunft der Bundeswehr« widmet. Die Rede ist vom Weißbuch 2006, der offiziellen Beschreibung der deutschen Militärpolitik, herausgegeben vom Bundesministerium der Verteidigung.[1] Nirgends sonst dokumentiert die Bundesregierung – und zumindest in dieser Hinsicht ist das Weißbuch wertvoll – so deutlich ihre Konzeptlosigkeit mit Blick auf die Einsätze der Bundeswehr. Doch sie weiß sich in guter Gesellschaft, denn das Gleiche gilt für einen großen Teil der Leute, die in Deutschland als Sicherheits- und Strategieexperten firmieren. Besser als im Weißbuch geschehen, könnte auch der schärfste Kritiker der aktuellen deutschen Militärpolitik nicht die Diskrepanz zwischen Anspruch und Wirklichkeit, zwischen hehren Zielen einerseits und militärischen Möglichkeiten andererseits darstellen. Das Papier steht exemplarisch für den durch Naivität und Illusionen gekennzeichneten Umgang der politischen Führung mit dem Einsatz militärische Machtmittel.

Mehr als zwölf Jahre hatte es gedauert bis zum Erscheinen eines neuen Weißbuchs. Und dies, obwohl die Bundeswehr nicht mehr nur außerhalb der eigenen Landesgrenzen, sondern längst auf anderen Kontinenten mit Tausenden Soldaten präsent ist. Das letzte wurde 1994, knapp fünf Jahre nach dem Fall der Mauer, von der Regierung Kohl herausgegeben. Seitdem hat sich die Bundesluftwaffe erstmals an Luftangriffen beteiligt; die Bundesmarine kreuzt vor den Küsten Afrikas; und das Heer steht, mehr als sieben Flugstunden von Deutschland entfernt, mitten in einem Krieg in Zentralasien.

Doch dafür wurden eben nicht zunächst Ziele, Kriterien und einzusetzende Mittel festgelegt, um dann entsprechend für oder gegen bestimmte Einsätze zu entscheiden. Stattdessen hangelt sich die deutsche Politik von einer Einsatzentscheidung zur nächsten. Ad hoc, ohne Konzept und vor allem ohne grundlegende Debatte. Die rot-grüne Regierung veranlasste die Beteiligung von Kampfeinheiten – Tornados im Kosovokrieg, Spezialkräfte in Afghanistan –, ohne öffentlich darzulegen, welche Rolle sie dem Einsatz militärischer Macht, konkret der Bundeswehr, in Zukunft zuzuweisen gedenkt. Mit der Beteiligung an der ISAF in Afghanistan und der routinemäßigen Verlängerung ihres Einsatzes schaffte sie Fakten für die Zukunft der Bundeswehr, ohne zuvor dem Parlament und der Öffentlichkeit über diese langfristigen Pläne mit dem dafür vorgesehenen Instrument des Weißbuchs mittel- oder langfristige Perspektiven vorgestellt zu haben.

Vordergründig hatte die Verzögerung einen banalen Grund. Unter der Regierung Schröder konnten sich die Koalitionsparteien SPD und Grüne nicht zu einer Aussage über die Zukunft der

Wehrpflicht einigen. Die einzige kontroverse Auseinandersetzung, abgesehen von jenen über konkrete Einsatzentscheidungen, die im letzten Jahrzehnt in der politischen Führung und in den Medien geführt wurde, betraf eben jene Frage der Wehrpflicht. Ob beabsichtigt oder nicht: Die Kontroverse hatte vor allem den Effekt, von den eigentlichen Fragen abzulenken. Streng genommen geht es hierbei nicht einmal um eine militärpolitische Entscheidung. Selbstverständlich ist es für den von der Wehrpflicht Betroffenen eine essenzielle Frage. Es handelt sich um einen dramatischen Einschnitt in die Privatsphäre, in die Lebensplanung und in die Möglichkeit, seine Ausbildung aufzunehmen oder sein erstes Geld zu verdienen. Tatsächlich geht es hier darum, ob die Wehrpflicht ein unzulässiger Eingriff in elementare Grundrechte ist, und dies umso mehr, wenn die staatliche Zwangsmaßnahme der Einberufung von Wehrpflichtigen außerordentlich selektiv angewandt wird. Ein militärpolitisches Problem im eigentlichen Sinne ist die Frage nach Beibehaltung oder Abschaffung der Wehrpflicht aber nicht. Sie war es einmal zu jenen Zeiten, als die Bundeswehr noch ein Massenheer war – zu einer Zeit also, als eine Abschaffung der Wehrpflicht in letzter Konsequenz eine Maßnahme zur Abrüstung, zur Schwächung der militärischen Schlagkraft gewesen wäre. Genau dies wäre sie heute aber nicht mehr. Für Interventionen rund um den Globus sind kaum ausgebildete junge Wehrpflichtige nicht nur unnötig, sie können sogar störend sein. Sie kosten Geld, binden Material und personelle Ressourcen. Im Ausland eingesetzt werden Wehrpflichtige der Bundeswehr nicht.

Wenn Befürworter der Bundeswehr als Interventionsarmee für die Beibehaltung der Wehrpflicht eintreten, hat dies dennoch eine gewisse Logik. Zum einen wird befürchtet, und dies trifft vor allem auf die Akteure in Regierung und Parlament zu, dass bei der Umstellung auf eine reine Berufsarmee die Bundeswehr in der Bevölkerung eben nicht mehr als – geliebte, verhasste oder zu ertragende, jedenfalls aber anerkannte – gesellschaftliche Institution gesehen würde. Als Berufsarmee wäre der Glamour der Bundeswehr verschwunden. Zapfenstreiche mit Fahnen, Fackeln und Hymnen würden endgültig zur Farce. Es wäre offenkundig, dass es nun beim besten Willen nicht mehr darum geht, dass Eltern ihre Söhne feierlich zum Schutz des Landes abstellen sollen. Soldaten wären Menschen, die sich für einen mehr oder weniger riskanten Beruf entschieden hätten. Sie wären Angestellte. Die Bundeswehr würde zur Bundesagentur für globale Gewaltdienstleistungen. Zum endgültigen gesellschaftlichen Abstieg fehlt dann nur noch der Gang an die Börse.

Zum anderen, und dies wird in Gesprächen mit ranghohen Militärs ganz offen ausgesprochen, wird die Wehrpflicht innerhalb der Bundeswehr als wertvolle Anwerbemaßnahme gesehen. Mit ihrer Hilfe kommt man an potenzielle Zeit- und Berufssoldaten heran, die sonst nie für eine Laufbahn bei der Bundeswehr zu gewinnen wären. Offen wird die Befürchtung geäußert, dass sich die Sozialstruktur der Bundeswehr der des großen Verbündeten angleichen könnte. Eine Wehrpflicht im deutschen Sinne gibt es in den USA seit dem Vietnamkrieg nicht mehr. Doch angesichts geringer alternativer Aufstiegschancen ist es legitim, von einer »ökonomischen Wehrpflicht« in den USA zu sprechen. Dort bietet die Verpflichtung zum Dienst in den Streitkräften für weite Bevölkerungsschichten die einzige Möglichkeit, aus unterprivilegierten Verhältnissen auszubrechen. Für Angehörige der Armee gibt es Sozialleistungen, wie sie ansonsten in den USA selten sind. Je unbeliebter der Militärdienst durch die andauernden Kriege im Irak und Afghanistan und die vielen Opfer unter US-Soldaten wird, desto größer die Quote der Rekruten aus sozial benachteiligten Schichten. Angesichts des kaum zu deckenden Bedarfs an neuen Soldaten nehmen die Streitkräfte immer mehr ehemalige Gewaltverbrecher auf.[2] Ein sinkendes Bildungsniveau, wie in den US-Streitkräften zu beobachten, ist es denn auch, was die Bundeswehrführung befürchtet, sollte die Wehrpflicht auch in Deutschland abgeschafft werden. Wichtig ist der Zwangsdienst also vor allem als Schnupperpraktikum für Abiturienten.

Während ein wenig über die Wehrpflicht gestritten wurde, setzte das, damals noch sozialdemokratisch geführte, Verteidigungsministerium ein Zeichen. Minister Peter Struck legte in Ermangelung eines Weißbuchs im Mai 2003 ein Papier vor – mit dem arg holprigen und eigentlich bescheidenen Titel »Verteidigungspolitische Richtlinien für den Geschäftsbereich des Bundesministeriums der Verteidigung.«[3] Das klingt nach betriebsinternem Merkblatt – und tatsächlich geht sein Status nicht weit darüber hinaus. Es war kein offizielles Dokument der Bundesregierung, also war eine Einigung über die Frage der Wehrpflicht entbehrlich. Mit dem Papier, so Minister Struck in seinem Vorwort, »erhalten die Bundeswehr und alle ihre militärischen und zivilen Angehörigen mehr Klarheit über das, was unsere Streitkräfte künftig leisten müssen«. Es ist erfreulich, dass die dem Ministerium zugeordneten Bediensteten dies offiziell mitgeteilt bekommen. Aber es sollte eigentlich selbstverständlich sein, dass sich zunächst Öffentlichkeit und Parlament damit auseinandersetzen können, wenn der Auftrag der bewaffneten Streitkräfte eines Landes fundamental neu ausgelegt wird. Schon die ausbleibende Aufregung über dieses Vorgehen zeigte: Die tatsächliche Dimension des Umbaus der Bundeswehr wird kaum wahrgenommen. Die Konsequenzen, die sich daraus ergeben, schon gar nicht.

Nun hat die Festlegung politischer Positionen auf diesem Wege zwar wenig mit den Spielregeln der parlamentarischen Demokratie zu tun. Doch für die Analyse der deutschen Militärpolitik bietet das Dokument den Vorteil, dass es als formell internes Papier des Ministeriums die Zukunft der Bundeswehr weniger verklausuliert skizziert, als dies bei offiziellen Verlautbarungen der Bundesregierung der Fall ist. So wird in dem Dokument ganz nebenbei erklärt, dass Landesverteidigung keine vorrangige Aufgabe der Bundeswehr mehr sei – auch wenn es im Grundgesetz anders steht. Dafür soll die Bundeswehr jetzt zur »Konfliktverhütung und Krisenbewältigung« und zur »Unterstützung von Bündnispartnern« eingesetzt werden. Für die Umrüstung der Bundeswehr soll dies bedeuten: »Mobilität«, also schnelle Verlegbarkeit in Kriegsgebiete, »Wirksamkeit im Einsatz«, also bessere Waffensysteme, und »Durchhaltefähigkeit«, also die Mittel, Truppen über einen langen Zeitraum in fernen Regionen zu stationieren. Die im Kosovo schon praktizierte Umwandlung der Bundeswehr von einer Verteidigungs- in eine Interventionsarmee war damit festgeschrieben.

Eine Debatte blieb dennoch aus. Und selbst als im Mai 2006 das Weißbuch erschien, gab es zwar in den Tagen rund um dessen Veröffentlichung viel Aufregung um die Bundeswehr, aber nicht etwa wegen der im Weißbuch beschriebenen Aufgabenstellung, sondern weil die *BILD*-Zeitung Fotos druckte, die Bundeswehrsoldaten in Afghanistan mit den Gebeinen Toter posierend zeigten. Für die Bundeswehr mag dies ein Imageschaden gewesen sein. Für die Militärpolitiker in Berlin war es, im Nachhinein betrachtet, ein großer Gewinn. Man betonte rasch, dass solche Geschmacklosigkeiten nicht repräsentativ für den gewöhnlichen Bundeswehrsoldaten seien, wurde aber im Übrigen kaum mit Fragen nach der Zukunft der Bundeswehr belästigt. Die Medien waren schließlich mit Totenköpfen in Afghanistan beschäftigt. Da blieb für ein Stück Papier in Deutschland keine Zeit und kaum Aufmerksamkeit.

Dabei hatten sich die Autoren doch bemüht, dem Weißbuch eine besonders tiefgründige Note zu geben. »Sicherheitspolitik« sollte nun, wie der schon zitierte Bedrohungskatalog eindrucksvoll zeigt, die Beschäftigung mit allem sein, was einem irgendwie Sorge bereiten könnte. Die Mischung aus aufgeführten Gefahrenszenarien und Herausforderungen aller Art ist derart undurchschaubar, sie unterscheidet so wenig zwischen eingrenzbaren Konfliktpotenzialen, potenziellen Katastrophen und unerkannten Chancen, dass daraus nur geschlossen werden kann: Sicherheit umfasst eigentlich alles. Damit ist auch die Bundeswehr für alles zuständig. Wenn aber alles »Sicherheit« ist, wird der Begriff zu einer wertlosen Worthülse. Eine Definition, die alles umfasst, grenzt nichts ab, definiert nichts. Sicherheit wird so zum Synonym für internationale Politik, für Außenpolitik, schließlich zum Synonym für Politik schlechthin.

Dabei kann man dem Verteidigungsministerium nicht einmal die Inanspruchnahme des Sicherheitsbegriffs vorwerfen. Es waren gerade die Kritiker einer militärisch dominierten Politik, die dazu beigetragen haben, dass der schon immer schwammige Begriff der Sicherheit bis zur Unkenntlichkeit gedehnt wurde. Die Entwicklung begann in den achtziger Jahren als sprachlicher Protest gegen die Irrationalität der atomaren Rüstung. Die Debatte über Sicherheit bestand zu jener Zeit nahezu ausschließlich darin, Raketen und die mit ihnen transportierten atomaren Sprengköpfe zu zählen. Der Begriff, wenn er denn jemals einen Sinn hatte, war offensichtlich vollends pervertiert. Als Kritik an diesem Diskurs wurde der Begriff auch auf andere Politikfelder übertragen. Im Vordergrund stand die damals noch völlig unterentwickelte Sorge um die Zerstörung der Umwelt und die daraus resultierenden konkreten Gefahren für den einzelnen Menschen. Die Erweiterung des Sicherheitsbegriffs sollte zeigen, dass Bedrohungen durch Luftverschmutzung, Atomkraftnutzung, Naturzerstörung oder Gift in Lebensmitteln mindestens ebenso viel Beachtung zu finden hätten wie die potenzielle Bedrohung durch den Gegner im Kalten Krieg.[4]

Es war letztlich der Versuch, dem Militär die exklusive Zuständigkeit für Sicherheit zu entreißen. Ganz banal ging es auch darum, ein Stück vom Kuchen der üppigen Ressourcen der vermeintlichen Sicherheitspolitiker, Sicherheitsforscher und Sicherheitsexperten abzubekommen. Wenn man jetzt auch über Sicherheit sprach, so die Hoffnung derjenigen, die sich um Umweltverschmutzung, Armut, Unterentwicklung, Menschenrechte und um den Niedergang des Sozialstaats zu Hause Sorgen machten, dann würde man vielleicht ein wenig ernster genommen. Es gäbe endlich die notwendigen finanziellen Mittel und die öffentliche Beachtung, wie sie jene vermeintlichen Sicherheitsexperten genossen, die sich vor allem mit den immer gleichen Waffensystemen beschäftigten.

Tatsächlich ging es also darum, wie es der Frankfurter Konfliktforscher Lothar Brock formuliert, »die existenzielle Bedeutung von Sicherheit dadurch zu nutzen, dass man die eigene Sache zum Sicherheitsanliegen erklärt«. Damit mögen am Ende zwar einige gesellschaftlich engagierte Gruppen erfolgreich gewesen sein. Doch sie zahlten einen hohen Preis für ihren Erfolg. Schließlich stellte man auf diese Weise den Anspruch der militärischen Gewährung von Sicherheit keineswegs in Frage. Man wollte ihn nur ergänzen. Wie fatal dieser Diskurs war, wurde spätestens Anfang der neunziger Jahre klar, als Militärs und Militärpolitiker nach dem Fall der Mauer und der Auflösung des Warschauer Pakts verzweifelt nach neuen Aufgaben suchten. Eine konkrete Bedrohung vermochten sie nicht mehr zu finden. Der militärische Gegner war ihnen abhanden gekommen, mit dessen Existenz man all die schönen Waffensysteme und den Unterhalt der Streitkräfte begründet hatte. Es galt, das potenzielle Aufgabengebiet zu erweitern. Jetzt sprachen auch plötzlich Militärs immer öfter von »erweiterter Sicherheit«.

Stand am Anfang der Diskussion um einen neuen Sicherheitsbegriff das Bestreben um eine Verlagerung von Ressourcen und Aufmerksamkeit weg von militärischen hin zu zivilen Bedrohungen, so muss dieses Bemühen heute als gescheitert gelten. Das genaue Gegenteil ist nämlich eingetreten: »Unter dem legitimatorischen Schutzschirm eines erweiterten Sicherheitsbegriffs«,

so stellt Brock zu Recht fest, »hat die militärische Sicherheitspolitik, die unmittelbar nach dem Ende des Ost-West-Konflikts etwas orientierungslos geworden war, eine neue Dynamik entwickelt.« Konkret auf Deutschland bezogen und noch vorsichtig
ausgedrückt: Der Rückgriff auf militärische Mittel spielt in der
deutschen Außenpolitik heute eine weitaus dominantere Rolle
als vor zwanzig Jahren. Ganz gleich, ob man diese Entwicklung
befürwortet oder nicht, bestreiten lässt sie sich nicht. So viel auch
über einen erweiterten Sicherheitsbegriff lamentiert wird: Wer
in der politischen Arena von Sicherheitspolitik spricht, meint damit selbstverständlich den Umgang mit der Bundeswehr.

Wie mit der Materie täglich befasste politische Akteure in Berlin dabei noch einen gegenteiligen Trend entdecken können,
bleibt rätselhaft. Schlimmstenfalls ist es plumpe Propaganda.
Bestenfalls, und das sei hier einmal angenommen, zeugt es von
beachtlicher Naivität. Walter Kolbow etwa, in der rot-grünen Regierung Parlamentarischer Staatssekretär im Bundesverteidigungsministerium und später Vize-Vorsitzender der SPD-Fraktion, lobte im Oktober 2006 das Weißbuch im Bundestag wegen
dessen »Festschreibung eines erweiterten Sicherheitsbegriffs«
und kam zu dem Ergebnis, dass es »zur Entmilitarisierung der
Sicherheitspolitik« beitrage.[5] Nicht weniger naiv zeigte sich die
grüne Fraktionschefin Renate Künast, deren Hauptkritik darin
lag, dass es keine »systematische Vernetzung« der Bundeswehr
mit den im Aktionsplan »Zivile Krisenprävention« aufgeführten
Aufgaben gebe.[6]

Selbst wenn dieser unter der rot-grünen Bundesregierung auf-
gelegte Aktionsplan mehr wäre als ein Instrument zur Koordinierung bestehender Projekte und Mechanismen des Außenamts
und des Entwicklungsministeriums, wie Kritiker nüchtern feststellen, wäre diese Argumentation naiv. Und sie ist nicht nur
naiv. Denn der behauptete Gegensatz von militärischen Macht-
mitteln und zivilen Projekten ist in Wahrheit auch höchst fiktiv.

Kein führender Militär hat nämlich etwas gegen zivile Konflikt-lösungsmechanismen. Schon gar nicht stellen sich Militärs im Einsatz gegen zivile Hilfsprojekte. Sie sehen sie sogar als wichtigen Bestandteil einer militärischen Strategie. Die Bundeswehr selbst unterhält in allen Einsatzgebieten sogenannte CIMIC-Teams, die solche Projekte der *Civil Military Cooperation* unterstützen und koordinieren. Erklärtes Ziel ist es dabei, die Akzeptanz der Soldaten in der lokalen Bevölkerung zu verbessern und so das Umfeld für den militärischen Einsatz sicherer zu machen. CIMIC sei »keine Entwicklungshilfe«, betont die Bundeswehr, »sondern Bestandteil der militärischen Operationsführung.«[7] Die Verbindung mit zivilen Hilfsprojekten vor Ort hat für die Militärs und die militärpolitischen Planer nur Vorteile. Zum einen klingt es zunächst sensibler und weniger martialisch, wenn man stets betont, dass militärische Mittel allein nicht ausreichen. Dies ist eine simple Erkenntnis und selbst unter Militärs beileibe nichts Neues. Gerade in den US-Streitkräften, von denen sich viele deutsche Militärpolitiker rhetorisch gern distanzieren, betrachtet man Elemente wie psychologische Kriegführung (PsyOps) und Hilfsprojekte für die Bevölkerung (*Civic Action*) seit langem als essenziellen Teil militärischer Strategie. Zum zweiten nimmt ein solcher Ansatz dem Militär im Zweifelsfall Verantwortung ab. Sollte einmal etwas nicht funktionieren, und das kommt ja gelegentlich vor, dann lässt sich zur eigenen Entlastung rasch der Hinweis anbringen, dass militärische Mittel natürlich nicht alles vermögen, dass sie nur die Rahmenbedingungen liefern können für politische Lösungen. Im Zweifelsfall scheitert die Politik, nicht das Militär.

Die Erweiterung des Sicherheitsbegriffs hat also ganz konkrete Konsequenzen. Was ursprünglich als Strategie zur Entmilitarisierung von Konflikten gedacht war, ist ins Gegenteil umgeschlagen. Denn auf das Label Sicherheit hat nun einmal das Militär das ideelle Copyright. Im Ergebnis, so scheint es, hat der erweiterte Sicherheitsbegriff nicht dazu geführt, dass Zuständigkeit und Funktionalität des Militärs in Frage gestellt werden. Im Gegenteil, er hat zu einer Inanspruchnahme von Politikfeldern geführt, die zuvor mit dem Militär gar nichts zu tun hatten. Die Abgeordneten des für die Bundeswehr zuständigen Ausschusses – er sollte längst nicht mehr Verteidigungsausschuss heißen, sondern nach US-amerikanischen Vorbild Streitkräfteausschuss[8] – nennen sich quer durch alle Parteien »Sicherheitspolitiker« oder »sicherheitspolitische Sprecher«. Sie sind aber weder für Ökologie noch für Pandemien, noch für Energiepreise zuständig – alles, laut Weißbuch, doch angeblich Bedrohungen unserer Sicherheit. Nein, sie sind schlicht Militärpolitiker. Dennoch ist gerade unter diesen politischen Akteuren – nicht so sehr unter den Militärs selbst – die Illusion darüber besonders ausgeprägt, was militärische Macht zu erreichen imstande ist.

Ginge es hier nur um einen akademischen Streit um die angemessene Verwendung eines Begriffs, wäre die ganze Sache irrelevant. Doch es geht um mehr, wie das Weißbuch 2006 zeigt. Wenn die Bundesregierung einen umfassenden, gewissermaßen globalen Katalog von Sicherheitsrisiken an den Anfang ihrer Doktrin für die Bundeswehr stellt, dann lassen sich daraus mindestens zwei Dinge ablesen: Erstens wird dafür gesorgt, Einsätze der Bundeswehr künftig mit praktisch jeder denkbaren gefühlten oder tatsächlichen Bedrohung begründen zu können. Von Pandemien bis Proliferation ist alles im Angebot. Zum zweiten ist sichergestellt, dass eine Erfolgskontrolle praktisch unmöglich ist. Die Agenda ist derart ambitioniert und aufgeblasen, dass jeder Kriterienkatalog versagen muss.

Sucht man nach den konkreten Mitteln, mit denen die Bundeswehr all den angenommenen Gefahren begegnen soll, geht es plötzlich sehr bescheiden zu. Den Bedrohungsszenarien am Anfang des Weißbuchs stehen keinerlei konkrete Antworten oder auch nur Anregungen gegenüber, wie die Bundeswehr all diesen aufgeführten Gefahren begegnen, wie sie potenzielle Konflikte im Idealfall abmildern oder ganz unterbinden soll – und kann. Dem völlig »aufgeblähten Sicherheitsbegriff«[9] des Weißbuchs steht erschreckend wenig Konkretes gegenüber. Das über Jahre erarbeitete Dokument, das nach eigenem Anspruch die Zukunft der Bundeswehr beschreiben soll, lässt die alles entscheidende Frage offen, wie mit militärischen Mittel die vom Weißbuch selbst benannten Bedrohungen erfolgreich abgewehrt werden sollen.

Nirgends im Weißbuch ist zu finden, wie die Bundeswehr zum Beispiel den internationalen Terrorismus bekämpfen soll. Vergeblich sucht der Leser Antworten auf die Frage, wie die negativen Folgen der Globalisierung mittels des Militärs begrenzt werden können. Kein Wort dazu, wie die Bundeswehr die Verbreitung von Atomwaffen verhindern will. Und auch auf die neue angebliche Herausforderung, die sogenannte Energiesicherheit, gibt es im Weißbuch keine Antwort. Gehen wir einige der aufgeführten Probleme einmal durch. Fragen wir danach, ob, und wenn ja, wie die Bundeswehr eingesetzt werden könnte, um den befürchteten Gefahren zu begegnen.

Auch die Bürokraten im Bundesverteidigungsministerium beginnen mit dem allzeit präsenten Begriff der »Globalisierung«. Neben neuen Chancen seien damit auch Risiken verbunden, die sich »in unterschiedlichem Maße direkt oder indirekt auf die äußere und innere Sicherheit Deutschlands und seiner Bürgerinnen und Bürger auswirken können« – mehr Allgemeinplätze passen kaum in einen Satz. Es folgen einige bedrohlich klingende Stichworte. Denn der heute via Internet vereinfachte Informationsaustausch befördere irgendwie auch terroristische Anschläge, kriminelle Aktivitäten und den »Missbrauch von sensiblem Wissen«. Dann schweift das Weißbuch gar in den »Cyber-Raum« ab. »Aus dem oder gegen den« seien ebenso Angriffe zu erwarten. Interessant, so wird aus der Bundeswehr eine Cyberforce. Bloß: Was haben die Unsicherheiten weltweiter Datennetze mit der Bundeswehr zu tun? Wie, bitte schön, sind bewaffnete Streitkräfte dazu geeignet, irgendeine dieser realen und ernsten Gefahren einzudämmen? An dieser Stelle wird den Autoren dann offenbar doch klar, sich einschränken zu müssen. »Diesen neuartigen Risiken«, so heißt es, kann »weder allein noch vorrangig mit militärischen Mitteln begegnet werden.« Nicht ganz korrekt: Auch nicht gemeinsam mit anderen Mitteln und auch nicht nachrangig kann dem mit militärischen Mitteln begegnet werden, sondern überhaupt nicht.

Aber dann wird doch noch ein Versuch gewagt: Denn »viele mit der Globalisierung einhergehende neue Risiken« bedrohen uns schließlich »über große Entfernungen hinweg«. Es folgt wieder eine lange Liste von Armut über Bildungsdefizite bis zu Krankheiten und Umweltzerstörungen und der Verweis auf eine zunehmend interdependente Welt. Fazit: Irgendwie hängt alles mit allem zusammen. Da dies jetzt alles Sicherheit genannt wird und für Sicherheit das Militär zuständig ist, wird die Bundeswehr dringend gebraucht – und das nicht nur zu Hause, sondern vor allem an jenen weit entlegenen Orten, von wo aus die vermeintlich neuen Risiken eben »über große Entfernungen hinweg« zu uns gelangen.[10]

Kaum ist das Thema Globalisierung abgehandelt, folgt ein weiterer Begriff, den heute niemand auslassen darf, der sich als seriöser Betrachter der Weltlage zu erkennen geben will: der Terrorismus. Die Anschläge von New York, Washington, Bali, Madrid und London hätten die »Verwundbarkeit moderner Staaten und Gesellschaften veranschaulicht.« Das ist richtig – zumindest für diejenigen, denen dies nicht schon lange zuvor klar war. Im Gegensatz zu den Militärplanern im Bundesverteidigungsministerium haben schon in den achtziger Jahren kritische Geister darauf hingewiesen, dass moderne Industriegesellschaften so verwundbar sind, dass sie »strukturell kriegsunfähig« sind. Mit anderen

Worten: Wäre es tatsächlich jemals zu einem Krieg mitten in Europa gekommen, wäre die gesamte Infrastruktur innerhalb kürzester Zeit zusammengebrochen. Auf dem Gebiet des heute vereinigten Deutschland waren damals weit mehr als eine Million Soldaten stationiert. Die taten auf beiden Seiten so, als befänden sie sich nicht in einem der dichtestbesiedelten Gebiete der Erde, sondern auf einem Truppenübungsplatz. All die schönen Kriegsszenarien, die für die norddeutsche Tiefebene geplant und täglich eingeübt wurden, hätten nie funktioniert. Das gilt selbst für den Fall, dass keine jener Atomwaffen eingesetzt worden wäre, die in Mitteleuropa zu Tausenden stationiert waren. Und nun kommt ausgerechnet aus dem Bundesverteidigungsministerium, das sich an jenen irrwitzigen Planungen beteiligt hatte, die glorreiche Erkenntnis, dass unsere modernen Gesellschaften verwundbar sind!

Dabei steht die Möglichkeit von terroristischen Anschlägen in Deutschland selbstverständlich außer Zweifel. Aber es ist absurd, die Gefahr als völlig neue Dimension darzustellen. Auch Deutschland, so heißt es im Weißbuch, könne »sich dieser Gefahr nicht entziehen.« Gewiss. Und dann? Was bedeutet das für die Bundeswehr? Wie kann man sich militärisch vor Anschlägen schützen? Kein Wort dazu. Einerseits wird postuliert, die Welt und die Bedrohungen seien heute völlig andere als in den Jahrzehnten und Jahrhunderten zuvor. Andererseits wird suggeriert, man könne gegen diese vorgeblich neuen Gefahren mit althergebrachten militärischen Mitteln aus vergangenen Jahrzehnten und Jahrhunderten vorgehen. Man will sich gegen potenzielle Attentäter wappnen, indem man sie irgendwo in Afghanistan aufspürt und ihnen den Aufbau neuer Ausbildungscamps verwehrt – oder sie zumindest nötigt, ins benachbarte Pakistan umzuziehen. Dass die Kommunikation über das Internet zu einem großen Teil die Funktion von Ausbildungslagern ersetzt hat, dass potenzielle Attentäter erfahrungsgemäß lange vor Anschlägen in Europa oder

den USA und eben nicht am Hindukusch leben: Nichts davon
wird angesprochen. Es würde die Sache zu kompliziert machen.
Weiter geht es zu der Gefahr durch »Proliferation und Aufrüs-
tungstendenzen«. Auch hier fehlt jeder Hinweis darauf, was die
Bundeswehr damit zu tun haben soll. Dabei gäbe es hier sogar
eine Antwort. Die USA entwickeln seit Beginn der neunziger Jahre
Strategien zur militärischen Bekämpfung von Atom-, Chemie-
und Biowaffen. Sie nennen es *counterproliferation*. Der Irakkrieg
ist als solch ein Akt der *counterproliferation* propagiert worden,
die Drohungen gegen den Iran basieren ebenfalls auf dieser Doktrin. Und auch die Programme zur Raketenabwehr sind Teil dieses Projekts. Es geht darum, Truppen darauf vorzubereiten, in
einem Umfeld zu kämpfen, in dem auch Atomwaffen eingesetzt
werden. Und zur *counterproliferation* gehört, Atomwaffen oder
Anlagen zu deren Herstellung im Zweifelsfall auch durch Präven-
tivschläge zu zerstören. Warum wird das im Weißbuch nicht aufgeführt? Würde es zu sehr an den Irakkrieg erinnern?

Es kommt noch absurder. »Pandemien und Seuchen«, so das
Weißbuch, »können sich zu einer ernsthaften Gefahr für Stabilität
und Frieden entwickeln.«[11] Mag sein. Doch gegen Viren und Er-
reger ist leider auch das schnellste und feuerstärkste Kampf-
flugzeug machtlos. Natürlich kann man Militär einsetzen, um
Menschen daran zu hindern, von einem Ort zu anderen zu reisen.
Aber das kann doch wohl kaum gemeint sein.

Dann ist da noch die »Energiesicherheit«. Für die »Zukunft
Deutschlands« sei eine »sichere, nachhaltige und wettbewerbs-
fähige Energieversorgung« von strategischer Bedeutung. Hier
wird beiläufig postuliert, steigende Energiepreise seien zwangsläufig von Nachteil für Deutschland.[12] Aber selbst wenn steigende
Benzin- und Heizölpreise eine Bedrohung für Deutschland sein
sollten, lässt das Weißbuch wiederum offen, wieso die Bundeswehr in dieses Problem involviert sein sollte. Soll die Bundeswehr
ölfördernde Staaten besetzen? Soll sie militärischen Druck aus-

üben, um dort die Preise zu senken? Soll sie, angesichts der absehbaren Verknappung fossiler Ressourcen, dazu eingesetzt werden, die letzten Tropfen Öl im Mittleren Osten abzuholen?[13]

Als Antwort auf die ambitionierte Ausweitung dessen, was Sicherheit bedeuten und wofür die Bundeswehr im Zweifelsfall zuständig sein soll, findet sich im Weißbuch sogleich eine einschränkende Klausel, die all die hier aufgeworfenen Fragen abprallen lässt. »Sicherheit kann«, so heißt es in dem Dokument, »weder rein national noch allein durch Streitkräfte gewährleistet werden«. Die Schlussfolgerung klingt noch unverbindlicher: »Erforderlich ist vielmehr ein umfassender Ansatz, der nur in vernetzten sicherheitspolitischen Strukturen sowie im Bewusstsein eines umfassenden gesamtstaatlichen und globalen Sicherheitsverständnisses zu entwickeln ist.«[14] Mit diesem Verweis auf »umfassende« und »globale« Ansätze ersparen sich die Autoren des Weißbuchs konkrete Ausführungen darüber, wie all die aufgeführten Ziele mit Hilfe der Bundeswehr durchgesetzt werden sollen.

Im Weißbuch erfährt man zwar wenig darüber, in welche Konflikte und Kriege die Bundeswehr mit welcher Zielsetzung künftig eingreifen wird, aber man erhält zumindest Antworten auf die Frage, welche »Fähigkeiten« die Bundeswehr künftig haben, also wie sie organisiert und über welche Waffensysteme sie verfügen soll. Daraus lässt sich ableiten, welche Einsatzszenarien die neuen Strukturen und Waffenbeschaffungen ermöglichen.

Wer nicht sein eigenes Land militärisch verteidigen will, sondern die Welt durch den Einsatz seiner Streitkräfte beglücken möchte, muss zunächst einmal Waffensysteme und Truppen in die entsprechenden Regionen verlegen. Wer also militärisch intervenieren will, braucht dazu Lufttransportkapazitäten. Und genau daran mangelt es der Bundeswehr bislang. Wie kein anderes System kann und soll deshalb das Transportflugzeug Airbus A400M die Einsatzmöglichkeiten der Bundeswehr erweitern. Damit wird die Bundeswehr erstmals in der Lage sein, nicht nur innerhalb Europas, sondern bis nach Asien und Afrika Truppen zu verlegen und sie direkt mit Nachschub zu versorgen. Bislang ist die Bundeswehr auf Transporte über Land und auf gecharterte Frachtmaschinen vom Typ Antonow-124 angewiesen. Das bisher genutzte Transportflugzeug C-160 Transall hat nur eine sehr begrenzte Reichweite und Zuladungskapazität. Die Einführung des Airbus 400 M ist also ein entscheidender Sprung hin zu einer allseits bereiten und weltweit agierenden Interventionsarmee. Dazu passt auch die Einführung des leichten Schützenpanzers Puma, der mit Flugzeugen rasch an ferne Einsatzorte verlegt werden kann.

Auch die Beschaffung des Raketenabwehrsystems MEADS versorgt die Bundeswehr mit einem Waffensystem, das militärisch nur für Interventionen in feindlichem Umfeld, also für genuine Kriegseinsätze sinnvoll ist. MEADS ist ein Element des US-Programms zur Raketenabwehr und soll dazu dienen, Eingreiftruppen gegen Angriffe mit ballistischen Raketen zu schützen. Neben Selbstmordanschlägen ist dies die Form von Attacken, gegen die selbst die am besten ausgerüstete Streitmacht der Welt praktisch hilflos ist. Das wird sich zwar auch mit MEADS nicht ändern. Das System wird nie so wirksam sein, dass es Angriffe mit hoher Sicherheit abwehren kann. Aber eine Wirkung hat das System bei den Truppen entsendenden Staaten eben doch. Es erweckt die Illusion, dass ein Schutz möglich ist – und erleichtert es den betroffenen Regierungen damit, Auslandseinsätze gegenüber der Bevölkerung durchzusetzen.

Schließlich gibt es eine kaum beachtete Aufrüstung der Bundesmarine. Sie erhielt in den letzten Jahren sogenannte Einsatzgruppenversorger, große Transportschiffe zur logistischen Unterstützung anderer Kriegsschiffe, die es der Marine erst ermöglichen, über einen langen Zeitraum in einem weit entlegenen Seegebiet zu operieren. Im Dezember 2008 genehmigte der Haushaltsausschuss des Bundestags die Beschaffung eines dritten Schiffs dieser Bauart. Somit wird künftig immer mindestens ein Versorger einsatzbereit sein. Außerdem erhält die Marine eine neue Generation Fregatten, die besser ausgestattet sind, um langfristig im Einsatz zu bleiben und in tropischen Gewässern zu fahren. Die neuen Korvetten sind darauf ausgerichtet, in Kämpfe an Land besser eingreifen zu können. Diese Neuerungen ergeben nur einen Sinn, wenn der Aufbau einer *expeditionary navy* vorangetrieben werden soll, die fern von den deutschen Küsten eingesetzt werden kann.

Nicht immer lässt sich von der Beschaffung auf die Einsatzkriterien schließen. Das wäre zu einfach und vor allem – zu vernünftig. Es besteht die Gefahr, den Planern zuviel Rationalität zu unterstellen. Denn auch die geben selbstverständlich vor, ein bestimmtes Waffensystem, für das aus dem Bundeshaushalt viel Geld bereitgestellt wird, sei das Ergebnis einer präzisen Analyse dessen, was just zum Zeitpunkt seiner Einführung unbedingt gebraucht werde. Das ist schon deshalb nicht plausibel, weil Forschung und Entwicklung, die in solche Systeme investiert werden, sich in der Regel über Jahrzehnte hinziehen. Die Rüstungsbeschaffung unterliegt einer Eigendynamik, die nur zum Teil durch sachliche militärische Planungen determiniert wird. Viel bestimmender sind industriepolitische Vorgaben und bürokratische Traditionen.

Lässt sich also doch nicht von der militärischen Hardware auf die Einsatzplanungen schließen? Jedenfalls nicht in dem Sinne, dass die Beschaffung bestimmter Waffensysteme einen geheimen Masterplan offen legt. Es bedeutet nur, dass über Rüstungsbeschaffungen Möglichkeiten produziert werden, die dann irgendwann auch genutzt werden können. Und darauf kommt es an. Es ist völlig belanglos, ob irgendjemand einmal an einem Schreibtisch oder in einem Sitzungssaal zu dem Schluss gekommen ist, dass die Bundeswehr für diese bestimmte Aufgabe dieses oder jenes Waffensystem benötigt. Ein Waffensystem interessiert sich nicht dafür, aus welchen Gründen es entwickelt und beschafft wurde. Es hat bestimmte Fähigkeiten, die militärisch genutzt werden können. Ob das genau so und nicht anders geplant war, ist nicht nur nebensächlich, sondern auch irrelevant. Die Mittel stehen zur Verfügung. Das ist entscheidend. Und militärische Machtmittel, die zur Verfügung stehen, drängen danach, irgendwann auch eingesetzt zu werden.

In der Tat sollen die Einsätze der Bundeswehr künftig eine ganz neue Qualität haben, sich also weit über das hinaus entwickeln, was die Bundeswehr bislang schon im Kosovo und in Afghanistan tut. Die Bundeswehr, so legt die Bundesregierung im Weißbuch ein wenig kryptisch, aber doch unmissverständlich dar, müsse »über ein angemessenes Streitkräftekontingent für friedenserzwingende Maßnahmen verfügen.« Im Klartext: Die Bundeswehr soll in der Lage sein, sich aktiv an Kampfeinsätzen zu beteiligen. Dass dies eine Veränderung gegenüber der Mehrzahl der bisherigen Einsätze ist, macht das Dokument ebenfalls deutlich: »Die dazu erforderlichen militärischen Fähigkeiten unterscheiden sich wesentlich von den Fähigkeiten, die zum Aufbau staatlicher und gesellschaftlicher Strukturen benötigt werden.« Und es wird noch deutlicher: Erforderlich sei der »Einsatz von Waffengewalt« im Rahmen von »Operationen hoher Kampfintensität«.[15] So etwas darf auch Krieg genannt werden.

Etwas genauer als das Weißbuch wird die von allen EU-Regierungen beschlossene Europäische Sicherheitsstrategie. Dort steht ganz unumwunden, die EU-Regierungen müssten »eine Strategie-Kultur entwickeln, die ein frühzeitiges, rasches und wenn nötig robustes Eingreifen fördert«. Ziel soll es sein, durch die Aufstellung sogenannter *battlegroups* innerhalb von zehn Tagen nach einem entsprechenden Beschluss des Europäischen Rats Truppen in der betroffenen Region einsetzen zu können. Diese sollen in der Lage sein, ohne weitere Vorbereitungen 120 Tage im Einsatz zu sein. Angestrebt wird, zwei solcher Einsätze nahezu gleichzeitig durchführen zu können.[16] Ob diese Ziele umgesetzt werden, ist allerdings durchaus fraglich. Selbst in einem so eng vernetzten suprastaatlichen Gebilde wie der Europäischen Union sind die Streitkräfte eine nationalstaatliche Angelegenheit. Da ansonsten zahlreiche nationale Aufgaben an die EU-Ebene abgetreten wurden, könnte es absurderweise sogar sein, dass die Zurückhaltung wächst, das je eigene Militär in EU-Strukturen zu integrieren, da die symbolische Rolle des Militärs als letzte Bastion nationalstaatlicher Macht relativ zunimmt. Doch selbst wenn der Prozess der Etablierung von Eingreiftruppen im Rahmen von EU oder NATO sehr viel bescheidener abläuft als geplant, erhöht sich schon durch die Planungen der institutionelle Druck, den Ausbau der Streitkräfte in den EU-Staaten, und damit auch der Bundeswehr, zu forcieren.

Konkrete Szenarien für den Einsatz der Bundeswehr innerhalb der *battlegroups* oder darüber hinaus bietet die Bundesregierung leider nicht. Das böte dann wohl doch zu viel Stoff für öffentliche Debatten. In anderen amtlichen Quellen wird man aber leicht fündig. Etwa bei dem sogenannten Institut für Sicherheitsstudien der Europäischen Union in Paris. Was nach Forschungsinstitut klingt, ist tatsächlich eine vom Europäischen Rat im Jahr 2002 eingerichtete Behörde, die damit beauftragt ist, die europäische Außen- und Militärpolitik mit zu entwickeln. Im Mai 2004 legte das EU-Institut den Entwurf eines Europäischen Weißbuchs vor – und darin sind auch plastische Kriegsspiele enthalten.

In einem Fall wird angenommen, dass die EU eine Truppe von 10 000 Soldaten entsendet, mit denen in einem außereuropäischen Land »der Frieden erzwungen werden« soll.[17] Dabei werde mit »terroristischen Attacken und Guerillakriegführung« gerechnet. Zum Einsatz kommen sollen vor allem Spezialkräfte wie das deutsche KSK. Schon dieses Planspiel geht über die Art des Bundeswehreinsatzes in Afghanistan hinaus. Für ein weiteres

Kriegsspiel ist die Ausgangslage von ganz anderer Qualität: »In einem Staat X am Indischen Ozean haben anti-westliche Elemente die Macht ergriffen, sie setzen Öl als Waffe ein, weisen Staatsbürger westlicher Staaten aus und greifen westliche Interessen an.«[18] Die Truppen aus EU-Staaten sollen, dem Planspiel zufolge, eine Streitmacht vorhalten, um sich an einem »militärischen Großkonflikt« zu beteiligen.[19] Es geht hier um einen Einsatz von der Dimension des Kriegs gegen den Irak 1991. Die Autoren des von der EU-Institution vorgelegten Dokuments empfehlen also der EU, den USA in jeder Hinsicht nachzueifern. Die Invasion im Irak wird als großes Vorbild in Sachen militärischer Wirksamkeit dargestellt. Die Szenarien in dem Dokument passen zu den Zahlen, die von der Bundesregierung für künftig bereitgehaltene Kampftruppen angegeben werden. 15 000 Bundeswehrsoldaten sollen für die Eingreiftruppen der NATO abgestellt werden, davon 5 000 tatsächlich in Bereitschaft, während sich 10 000 in der Vorbereitung oder der Ausbildung befinden. Für die Eingreifkräfte der EU sind bis zu 18 000 Soldaten vorgesehen.

Würde diese europäische Einbindung dazu führen, nationale Alleingänge und Ad-hoc-Koalitionen für anderweitige Interventionen zu verhindern, ließe sich in der militärischen Integration noch ein zivilisatorischer Effekt erkennen. Doch dies ist keineswegs der Fall. Jenseits der Verpflichtungen für die *battlegroups* kann jede Regierung sich auch weiterhin an Interventionen rund um den Globus beteiligen, so wie es etwa die Briten mit der Beteiligung an dem Angriff der USA auf den Irak getan haben. Tatsächlich haben die Aufstellungen der *battlegroups* der EU und der Rapid Reaction Force der NATO den Effekt, die Fähigkeit zur Machtprojektion und militärischen Intervention erst herzustellen.

Insbesondere für den Umbau der Bundeswehr zur Interventionsarmee sind solche internationalen Vorgaben prägend. Nicht nur in bezug auf Rüstungsbeschaffung und Reorganisation der

Bundeswehr, auch bei konkreten Einsatzentscheidungen ist es eine Konstante der deutschen Militärpolitik der letzten Jahre, sich als Getriebener darzustellen. Als Gerhard Schröder die deutsche Beteiligung an den Luftangriffen im Krieg gegen Serbien bekannt gab, verwies der Kanzler auf die internationalen Verpflichtungen im Bündnis. Als Rot-Grün seine Beteiligung am Krieg in Afghanistan verkündete, wurde von Schröder auf eine »Anfrage« aus Washington verwiesen. Und bis heute wird jede Erweiterung des ISAF-Mandats im Bundestag mit einer neuen NATO-Order aus Brüssel begründet. Wenn Deutschland Truppen entsendet, dann natürlich nur, weil es als guter Verbündeter und Weltenbürger seinen internationalen Verpflichtungen nachkommen muss. Auch jenseits solcher Ad-hoc-Politik gilt das Prinzip, dass die Militärpolitiker der Bundesrepublik sich stets als Einsatzbefürworter wider Willen präsentieren. Die gesamte Aufgabenbeschreibung der Bundeswehr in den Verteidigungspolitischen Richtlinien oder im Weißbuch steht unter der Vorgabe der »eingegangenen militärpolitischen Verpflichtungen«.[20]

Das Sichverstecken hinter tatsächlichen oder vermeintlichen Verpflichtungen wird der politischen Führung künftig noch leichter fallen. Mit der Aufstellung permanenter Eingreiftruppen zum einen durch die NATO, zum anderen durch die EU ergibt sich, sollen die Anstrengungen ernst gemeint sein, die Frage, wie Einsätze der Bundeswehr künftig noch dem Parlamentsvorbehalt unterliegen können, den das Bundesverfassungsgericht 1994 zur Bedingung für Auslandseinsätze deutscher Streitkräfte gemacht hat. Bislang gibt es über jeden einzelnen Einsatz der Bundeswehr eine namentliche Abstimmung im Bundestag. Das Konzept der Eingreiftruppen der EU und der NATO basiert aber zum einen darauf, dass die für einen bestimmten Zeitraum zuständigen Truppensteller die abgestellten Verbände im Zweifelsfall auch tatsächlich in einen Einsatz schicken. Ein Vorbehalt stünde dem logischerweise entgegen. Zum anderen soll es auch ein gewisse Spezialisierung geben, einmal bei der Ausbildung, vor allem aber bei der Beschaffung von Rüstungsgütern. Das bedeutet aber: Macht ein Staat bei einem beschlossenen Einsatz am Ende doch nicht mit, fehlt eine spezifische militärische Komponente. In einem Papier der CDU/CSU-Bundestagsfraktion vom Mai 2008 wird deshalb gefordert,»das Parlamentsbeteiligungsgesetz entsprechend anzupassen.« Damit spricht die Unionsfraktion einen Punkt an, um den sich Befürworter einer weltweit intervenierenden Bundeswehr ansonsten gern herumdrücken. Je stärker die Integration in internationale Verbände, desto geringer der Spielraum für parlamentarische Entscheidungen. Und um das gemeinsame Agieren innerhalb der NATO oder der EU wird es immer gehen. Denn klar ist: Selbst wenn die Bundeswehr eigenständig dramatisch aufrüsten würde, wird sie von der Fähigkeit, im Alleingang ihre Truppen in weit entfernte Regionen zu schicken und dort langfristig zu etablieren, immer weit entfernt bleiben. Völlig ohne fremde Hilfe sind dazu nur die US-Streitkräfte in der Lage. Von daher ist die Zusammenarbeit innerhalb der Europäischen Union und mit den USA eine zwingende Konsequenz.

Selbst wenn es eine Änderung des Parlamentsbeteiligungsgesetzes nicht gäbe und selbst wenn das umstrittene Instrument eines Vorratsbeschlusses nicht eingeführt würde, wäre es naiv zu glauben, dass die Aufstellung von gemeinsamen Truppen keine neue politische Situation schafft. Schon bislang stand der Bundestag in jedem Fall unter erheblichem politischem Druck, weil die Regierung den Einsatz der Bundeswehr längst zugesagt hatte. Das Argument der internationalen Verlässlichkeit spielt eine erhebliche Rolle in der Auseinandersetzung um internationale Einsätze der Bundeswehr. Es wird im Kontext des künftigen Einsatzes von Eingreiftruppen erheblich an Gewicht gewinnen. Es bedürfte schon eines enormen Maßes an politischer Standfestigkeit, sich einem Einsatz unter Beteiligung deutscher Truppen zu verweigern.

Illusionen gibt es also sowohl hinsichtlich der künftigen Fähigkeiten der Bundeswehr als auch mit Blick auf die überschätzten politischen Möglichkeiten, deren Gebrauch zu kontrollieren. Das mangelnde Problembewusstsein der deutschen Politik hat sich auch nach mehr als anderthalb Jahrzehnten von Auslandseinsätzen nicht verändert. Die Bundeswehr ist heute in der ganzen Welt unterwegs.[21] Für das, was die Regierung »Stabilisierungskräfte« nennt, sollen künftig insgesamt 70 000 Soldaten bereitstehen, 14 000 davon sollen gleichzeitig ins Ausland geschickt werden können – und damit doppelt so viel wie derzeit im Einsatz sind. Dazu kommen die abrufbaren sogenannten Eingreifkräfte, die für Kampfeinsätze vorgesehen sind.

Gemessen an den Einsatzkapazitäten der USA sowie ehemaliger Kolonialstaaten wie Großbritannien und Frankreich ist die Stärke der Bundeswehr noch bescheiden. Anders als in Interventionen rund um die Welt erprobte Mächte verfügt Deutschland nicht über die militärischen Mittel, schnell und in großer Zahl Truppen zu verlegen. Doch schon das Schielen auf diese kleine Gruppe tatsächlich zur Intervention ausgerüsteter Armeen, die seit Ende des Zweiten Weltkriegs ungezählte Kriege in Südostasien, Nahost, Afrika und Lateinamerika geführt haben, zeigt: Die Bundeswehr soll einen qualitativen Sprung machen und mit den europäischen Militärmächten gleichziehen. Das Militär hat eine völlig neue Bedeutung bekommen. Heute ist die Bundeswehr eine Interventionsarmee. Sie beteiligt sich an Kampfeinsätzen. Und sie soll dies in Zukunft noch sehr viel eindeutiger und häufiger tun.

Mit dem Einsatz in Afghanistan hat diese Politik eine neue Dimension erreicht. Nicht etwa, weil die Budeswehr erstmals an einem Kampfeinsatz beteiligt ist. Das war sie bereits durch den Einsatz deutscher Tornado-Jets bei der Bombardierung Jugoslawiens im Kosovokrieg 1999. Neu ist auch nicht der Umfang der Truppenstationierung. Der war nach dem Einmarsch im Kosovo noch höher. Entscheidend ist, dass es in Afghanistan eine stetige Eskalation gibt. Selbst den enthusiastischsten Befürwortern fällt es zunehmend schwer, die Vermutung zu widerlegen, dass es sich bei diesem Einsatz um die Beteiligung an einem dauerhaften *Krieg* handelt. Dennoch gibt es keine seriöse Debatte darüber, was die Bundeswehr kann und nach ihrem Umbau zur Interventionsarmee können wird. Was solch ein unter Wehrpolitikern »Transformation der Bundeswehr« genannter Prozess bedeutet, ist kaum im öffentlichen Bewusstsein präsent. Dabei ist der Weg nicht nur theoretisch vorgezeichnet, wie im Weißbuch 2006 nachlesbar. Am Vorbild der USA lassen sich auch die praktischen Konsequenzen eines auf militärische Interventionsfähigkeit ausgerichteten Staates studieren. Auch wenn sich deutsche Wehrpolitiker immer dann von den US-Streitkräften distanzieren, wenn diese durch unschöne Aktionen im Irak oder Afghanistan für negative Schlagzeilen sorgen: Das US-Militär bleibt der Marktführer unter den Gewaltdienstleistern, an ihm richten sich alle rüstungstechnischen und strategischen Entwicklungen aus – insbesondere innerhalb der NATO. Ein Blick auf die Vereinigten Staaten ist ein Blick in die Zukunft.

4. Gescheitertes Vorbild

Das Memorandum hat einen exklusiver Verteiler: der Vizepräsident, der Außenminister, der Verteidigungsminister. Zur Kenntnis geht das geheime Dokument an nur vier weitere hohe Regierungsbeamte, darunter an den Direktor der CIA und an den höchsten Militär der USA, den Vorsitzenden der Vereinigten Stabschefs. In einer Begleitnotiz ermahnt der Sicherheitsberater des Präsidenten die Empfänger zur strikten Geheimhaltung. Das vom Präsidenten unterzeichnete Dokument sollte nur Mitarbeitern zugänglich sein, die es unbedingt kennen müssen. Die Vereinigten Staaten »werden eine Interventionstruppe mit leichten Divisionen aufstellen«, ordnet der Präsident darin an. Sie solle über »strategische Mobilität verfügen«, unabhängig sein »von Übersee-Basen und logistischer Unterstützung und seetaktische, Luft- und begrenzte Landstreitkräfte« einschließen.

Der unterzeichnende Präsident hieß Jimmy Carter, der Sicherheitsberater Zbigniew Brzezinski. Es war der 26. August 1977. Mit der »Presidential Directive 18« ging die politische Order an das Pentagon, eine jederzeit und weltweit einsetzbare Streitmacht aufzubauen. Alle Teilstreitkräfte sollten dabei erstmals eng verzahnt werden. Die Vereinigten Staaten sollten das bekommen, wovon heute, mehr als dreißig Jahre später, auch die deutschen Wehrpolitiker bei ihren Plänen für die Bundeswehr träumen: *force projection*, die Fähigkeit zur schnellen Verlegung jederzeit abrufbarer Truppen auch in entlegene Gebiete der Welt.

Das Streben nach dem Aufbau einer neuen Form der Interventionsstreitmacht machte sich in den Militärzirkeln Washingtons spätestens während des Jom-Kippur-Kriegs im Oktober 1973 bemerkbar. Eine Allianz arabischer Staaten versuchte damals, mit einem Überraschungsangriff die 1967 im Sechs-Tage-Krieg von Israel eroberten Gebiete zurückzugewinnen. Beunruhigend war für die US-Regierung dabei vor allem, dass erstmals die sogenannte Ölwaffe eingesetzt wurde. Die arabischen Mitglieder der Organisation Erdöl exportierender Staaten (OPEC) wollten durch Preiserhöhungen und Förderbegrenzungen westliche Industriestaaten dazu bewegen, ihre Unterstützung für Israel aufzugeben. In Washington spielte man Möglichkeiten eines militärischen Eingriffs durch. Doch an eine schlecht vorbereitete Kriegsbeteiligung war nach dem Desaster in Vietnam nicht zu denken. Die Messlatte für militärische Interventionen lag hoch. Denkbar war eine öffentliche Unterstützung nur, wenn die USA ihre militärische Macht so organisieren und ihre Streitkräfte so aufrüsten würden, dass ein Krieg in kurzer Zeit und ohne eine große Zahl eigener Toter und Verletzter beendet werden konnte – und dies selbstverständlich erfolgreich.[1] Ein weiteres Ereignis in der Region sollte der Initiative Carters von 1977 bald neuen Auftrieb geben. Denn nur zwei Jahre später, im Jahr 1979, verloren die Vereinigten Staaten nach dem Sturz des Schahs im Iran ihren wichtigsten Verbündeten im Mittleren Osten. Dies war aus Sicht der US-Militärs nicht nur eine Art von Niederlage, die es in Zukunft zu verhindern galt. Es nahm den Streitkräften auch eine potenzielle Ausgangsbasis für militärische Operationen in der Region.

Eile war geboten. Bereits 1980 war deshalb Carters Direktive umgesetzt. Mit der *Joint Rapid Deployment Task Force* (JRDTF) verfügten die USA über eine Interventionsstreitmacht für den Mittleren Osten. Wieder drei Jahre später wechselte das Projekt seinen Namen und firmierte fortan als *Central Command* oder kurz CentCom, sein Hauptquartier liegt seitdem in Tampa im US-Bundesstaat Florida und damit fern seines Einsatzgebiets.

Schon Ende der achtziger Jahre umfassten die dem CentCom zu-
gewiesenen Einsatzkräfte etwa 300 000 Soldaten. Diese Zahl lag
nur geringfügig unter derjenigen der damals, zur Zeit der angeblich akuten militärischen Bedrohung durch die Sowjetunion, in
Europa stationierten US-Truppen. Nicht erst durch die Kriege in
Afghanistan und Irak wurde CentCom das bedeutendste Re-
gionalkommando des Pentagon. Selbst das *Northern Command*
(NorthCom), mit dem das Gebiet der USA und ihrer Nachbarländer Kanada und Mexiko abgedeckt wird, ist militärisch weniger
relevant. Daneben stehen im *Unified Command Plan*, der die Pen-
tagon-interne Aufteilung der Welt regelt, das für Südostasien und
Australien zuständige *Pacific Command* (PaCom), das in Lateinamerika agierende *Southern Command* (SouthCom), das *European Command* (EuCom) in Stuttgart-Vaihingen und, seit Oktober 2007, das neu eingerichtete *African Command* (AfriCom),
ebenfalls mit Sitz in Stuttgart. Die Kommandeure der Regionalkommandos gehören zu den mächtigsten Offizieren innerhalb
des US-Militärapparats. In Teilen der Welt, zumindest im Mittleren Osten, sind diese Statthalter des Pentagon sehr viel einfluss-
reicher als die jeweiligen vom State Department entsandten offiziellen US-Botschafter.[2]

Doch beim Aufbau des CentCom ging es nicht nur um eine Reorganisation der US-Streitkräfte. Ziel war es vor allem, die Truppe
mit neuen technischen Mitteln auszurüsten und neue Richtlinien für deren Einsatz zu entwickeln. Bei der Gründung von
CentCom ging es auch um eine Neudefinition dessen, was aus
Sicht der US-Regierung unter der Verteidigung der Vereinigten
Staaten zu verstehen sein sollte. Auf die Reorganisation der Truppen folgte deshalb konsequenterweise bald die passende politische Doktrin. »Jeder Versuch einer außenstehenden Macht, die
Kontrolle über die Region des Persischen Golfs zu erlangen«, verkündete Präsident Carter am 23. Januar 1980 vor dem US-Kongress, »wird als ein Angriff auf die vitalen Interessen der Verei-

nigten Staaten von Amerika betrachtet.« Solch ein Angriff werde »mit jedem notwendigen Mittel zurückgeschlagen, einschließlich militärischer Gewalt.«[3] Die Wortwahl war etwas sensibler als später zur Zeit der Regentschaft von George W. Bush, aber die Carter-Doktrin war schon ein großer Schritt hin zur 22 Jahre später von Bush verkündeten Präventivschlag-Doktrin.[4] Bei den »vitalen Interessen« ging es um den Anspruch, den Zugang zum Öl am Golf notfalls militärisch zu garantieren. Heute wird dies etwas feinfühliger ausgedrückt, zumindest in Europa. Statt von vitalen Interessen spricht etwa das Weißbuch der Bundesregierung von »Energiesicherheit«. Noch deutlicher sind die Parallelen bei dem zwar nirgendwo festgeschriebenen, die deutsche Debatte aber bestimmenden Motto des ehemaligen Verteidigungsministers Peter Struck. Der wollte nicht nur »vitale Interessen«, sondern gleich die »Sicherheit Deutschlands« fern der eigenen Grenzen, nämlich »am Hindukusch«, verteidigt wissen.[5]

Nach dem Aufbau der CentCom und der Neudefinition von Verteidigung durch die Carter-Doktrin ging es an die Konsequenzen für die Rüstung der USA. Zentral dafür war die Arbeit einer von Präsident Ronald Reagan eingesetzte Kommission, der die erste Riege der militärpolitischen Entscheider der USA angehörte, darunter Zbigniew Brzezinski, Samuel Huntington und Henry Kissinger. Der im Januar 1988 veröffentlichte Bericht mit dem Titel »Discriminate Deterrence« vermerkte die Gefahr, man sehe »Amerikas Fähigkeit unterminiert, seine Interessen in den wichtigsten Regionen zu verteidigen«[6] – und zog daraus die Konsequenzen. Um gegen »Kräfte, die sehr viel kleiner sind als die sowjetischen«, vorzugehen, empfahl die Kommission die Forcierung der waffentechnischen Entwicklung. Ganz oben auf der Liste standen die Beschaffung von für militärische Gegner schwer zu ortenden Stealth-Systemen, die Entwicklung von Lenkwaffen, die »lange Reichweite mit hoher Treffgenauigkeit kombinieren«, des weiteren Raketenabwehrsysteme sowie weltraumgestützte Systeme zur Unterstützung der Kriegführung am Boden. Zu einer Zeit, als die Blockkonfrontation noch das Denken beherrschte und sich in West- und Ostdeutschland mehr als eine Million Soldaten gegenüberstanden, wurde also schon der Masterplan für die künftige neue Kriegführung in anderen Weltgegenden geschrieben. Die Kriegsplanungen für die Golfregion sahen während der gesamten achtziger Jahre Iran als potenziellen militärischen Kontrahenten vor. Erst Ende der achtziger Jahre wurde der Fokus auch auf den Irak gerichtet. Bis dahin hatte Irak im Krieg gegen den Iran, der Schätzungen zufolge eine Million Menschen das Leben kostete, noch die aktive Unterstützung der USA genossen.[7] Ohne den Aufbau des CentCom und die damit einhergehenden Aufrüstungsmaßnahmen und Strategieveränderungen wären die dann folgenden US-Interventionen im Mittleren Osten – Irak, Afghanistan und wieder Irak – undenkbar gewesen.

Anstelle großer stehender Heere ging es jetzt um kleine, flexible, verlegbare, weniger verwundbare Truppen, es ging um *usable* – also nutzbare und tatsächlich einsetzbare – Streitkräfte. Damit stand die Linie fest, die heute für das US-Militär als selbstverständlich betrachtet und von den Verbündeten der USA, einschließlich Deutschland, als vorbildlich angesehen wird. Die Parallelen zwischen der Entwicklung in den USA und den hoch gesteckten Zielen, wie sie im deutschen Weißbuch und in den Papieren zur europäischen Militärpolitik festgeschrieben wurden, sind offenkundig. Schnelle Verlegung von Truppen in Krisen- und Kriegsgebiete, Durchhaltefähigkeit, Aufbau der Aufklärungs- und Kommunikationsstrukturen – das waren die Ziele der US-Strategen vor dreißig Jahren, das sind die Ziele der deutschen Wehrplaner heute. Die US-Armee ist der Prototyp des als unausweichlich verkündeten Umbaus der europäischen Armeen zu schnellen und, im Militärsprech, »durchhaltefähigen« Interventionstruppen. Da liegt die Frage nahe, ob das große Vorbild die Erwartungen erfüllt hat, ob der Prototyp funktioniert. Wenn die US-Streitkräfte Vorbild sind, dann muss sich an ihnen auch ablesen lassen, welche Möglichkeiten ein Militärapparat hat, der über eine Infrastruktur, Waffensysteme und ein Budget verfügt wie keine andere Armee.

Pro Jahr geben die USA weit über eine halbe Billion Dollar für ihren Militärapparat aus. Im Jahr 2006 waren es ziemlich genau 617156000000 US-Dollar. Für das Jahr 2008 waren sogar fast 700 Milliarden Dollar angesetzt. Zwischen 120 und knapp 190 Milliarden Dollar sind als Aufschlag für die Kriege im Irak und in Afghanistan darin enthalten. Selbst bei einem niedrigen Dollarkurs entspricht das insgsamt immer noch mehr als 550 Milliarden Euro.[8] Allein die als zusätzliche Kriegsausgaben deklarierten Kosten des Pentagon summierten sich bis Ende 2007 nach Berechnungen des Internationalen Instituts für Strategische Studien (IISS) in London auf Ausgaben in Höhe von 450 Milliarden Dollar für den Irakkrieg und 127 Milliarden Dollar für den Afghanistankrieg. Die Trennung zwischen laufenden Kosten und speziell durch die Kriegseinsätze anfallenden Ausgaben ist natürlich kaum möglich. Kritiker schätzen die Kosten für die Kriege daher auch wesentlich höher ein.[9] Die USA geben so viel für ihr Militär aus wie alle anderen Staaten der Erde zusammen gerechnet. Und auf der Liste der Staaten mit hohen Militärausgaben stehen viele der engsten Verbündeten der USA ganz oben. Die NATO-Staaten allein, ohne die USA, gaben im Jahr 2006 für das Militär 268247000000 Dollar aus, immerhin fast 20 Prozent der weltweiten Militärausgaben von knapp 1,3 Billionen Dollar.[10] Mit mehr als 800 Milliarden Dollar entfallen knapp zwei Drittel der Weltmilitärausgaben auf die NATO insgesamt.

Die US-Streitkräfte umfassen nahezu anderthalb Millionen Männer und Frauen im aktiven Dienst. Im Jahr 2008 waren es nach Angaben des Pentagon genau 1385122 Soldatinnen und Soldaten.[11] Hinzu kommen mehr als eine Million Reservisten, die bei Bedarf tatsächlich in Kriegsgebiete, einschließlich Afghanistan und Irak, geschickt werden. Mehr als 18 000 Soldaten sind ständig auf Schiffen außerhalb der US-Gewässer unterwegs.[12] Die mehr als zwei Millionen aktiven Soldaten und Reservisten der USA machen aber längst nicht den gesamten Militärapparat des Landes aus. Hinzu kommt ein ziviler Teil, der in seiner Größe viel schwieriger einzugrenzen ist als der im engeren Sinne militärische. Dazu zählen die Beamten im Pentagon, aber auch die bei den verschiedenen Teilstreitkräften, die in den USA immer noch eine große Autonomie besitzen und eine Rivalität pflegen, die zur Aufblähung des Apparats beiträgt. Noch nicht eingerechnet sind dabei die Mitarbeiter des Department of Energy, die die Forschung und Entwicklung des Atomwaffenarsenals betreuen. Und es fehlen all jene, die für die diversen Geheimdienste außerhalb des Pentagon arbeiten. Schwer zu berechnen ist auch die Gesamtstärke der Beratungsfirmen, die im Auftrag des US-Verteidigungsministeriums oder eines der 16 Geheimdienste tätig sind. Man kann auch die Beschäftigten in den Rüstungsfirmen einbeziehen, wobei es angesichts der Einbettung der Produktion in die zivile Wirtschaft nahezu unmöglich ist, hier eine klare Linie zu ziehen. Schließlich gehören auch viele Universitätsangehörige zum weiteren Kreis dieses Militärapparats, denn kaum eine größere Hochschule existiert ohne Aufträge aus dem Pentagon – von Rüstungsforschungsprojekten für Ingenieurwissenschaftler bis zu ausgelagerten Strategiestudien für Politologen. Das Geflecht von Abhängigkeiten schafft eine mehrere Millionen starke Interessengruppe, innerhalb derer die Positionen auch gern einmal getauscht werden – von der Universität in ein Ministerium, vom Ministerium in die Industrie. Die Lobby ist gut aufgestellt.

Die Zahlen über Budget und Personalstärke sagen nicht unbedingt etwas über die militärische Einsatzfähigkeit aus. Sie reichen aber aus, um zu erkennen, welche Dimension das Militär in den USA angenommen hat – ein Apparat mit 761 Militärstützpunkten in 151 Ländern – der sich nebenbei den Luxus von 234

Pentagon-eigenen, rund um die Welt verteilten Golfplätzen leistet.[13] Spätestens seit den Kriegen in Afghanistan und Irak ist zu diesem Netzwerk noch eine weitere relevante Gruppe hinzugekommen: die militärischen Dienstleister, die internationalen Gewaltunternehmer, die zu einem immer größeren Teil Aufgaben des US-Militärs übernehmen, und zwar nicht nur auf der Ebene von Versorgungs- und Nachschubleistungen, sondern auch im direkten Kampfeinsatz. Allein im Irak wird die Anzahl von Beschäftigten privater Militärfirmen auf 100 000 Personen geschätzt.[14] Im Februar 2006 verbuchte das Pentagon in seinem *Quadrennial Defense Review* genannten Vierjahresplan die kommerziellen Militärdienstleister erstmals als Teil der Gesamtstreitmacht der Vereinigten Staaten.[15]

Zumindest einen Vorteil hat die Größe des Apparats. Er macht ihn so durchlässig, dass kaum etwas geheim bleibt. Tatsächlich ist es relativ einfach, an Informationen über das US-Militär zu gelangen. Trotz der Transparenz und der Rivalitäten innerhalb dieses Netzwerks ist das, was der frühere US-Präsident Dwight D. Eisenhower 1961 den militärisch-industriellen Komplex nannte, eine vor allem in Deutschland unterschätzte politische Größe in den USA. Sie hat eine Dimension, die einige Kritiker in den USA für eine Gefährdung für die Demokratie halten.[16]

Ungeachtet der mit der Größe des Apparats verbundenen Lobbymacht gab es nach dem Ende der Ost-West-Konfrontation eine kurze Phase, in der das hohe Niveau der Militärausgaben in den USA ernsthaft in Frage gestellt wurde. Der dauerhafte Alarmzustand, die permanente Vorbereitung auf einen rund um die Welt geführten Krieg sollte schließlich vorüber sein. Und tatsächlich forderte der zuständige Kongressausschuss damals Reduzierungen bei Etat und Personalstärke um 25 Prozent und mehr.[17] Doch die Entscheidung für einen Krieg gegen den Irak im Jahr 1991, die mit denkbar knapper Mehrheit im Senat gefällt wurde, ließ alle Befürchtungen des militärischen Apparats schwinden. Mit dem von Bush 2001 erklärten »Krieg gegen den Terror« und dem damit verbundenen Einmarsch in Afghanistan und Irak stiegen die Ausgaben sogar noch einmal kräftig an. Schließlich, so die für die Mehrheit im Kongress offenbar plausible Begründung, befindet sich die Nation im Krieg.

Beispiele zur Erfolgskontrolle der ganz auf Interventionstruppen ausgerichteten Aufrüstung sind reichlich vorhanden. Gerade einmal zwei Jahre nach dem Ende des Ost-West-Konflikts, konnten die US-Militärs die neuen Mittel zur *force projection* im Krieg gegen den Irak in großem Umfang ausprobieren – der Rest der Welt durfte beeindruckt, besorgt oder auch beängstigt zuschauen. Zumindest dachte die Welt, sie dürfe es. Aber sie schaute nicht wirklich zu, denn der Informationsfluss war perfekt reguliert. Es gab zwar sehr viel mehr Bilder als in früheren Kriegen, aber sie wurden zum Großteil vom US-Militär selbst geliefert. Die Öffentlichkeit war live dabei, aber vom Geschehen weiter entfernt als zuvor. [18]

Es war der erste Krieg, bei dem in kürzester Zeit eine gigantische militärische Infrastruktur weit entfernt vom Territorium der USA aufgebaut wurde. Es war auch der erste Krieg, bei dem das direkte Zusammenwirken von See-, Luft- und Landstreitkräften im großen Rahmen ausprobiert wurde. Das funktionierte nur, weil es zugleich der erste Weltraumkrieg war.[19] Erstmals hatten Truppen am Boden unmittelbaren Zugang zu aktuellen Satellitenaufnahmen. Erstmals kam das damals offiziell noch gar nicht voll funktionsfähige Satellitennavigationssystem Navstar GPS zum Einsatz.[20] Was heute an kaum einem Armaturenbrett zur Navigation und kaum einem Läuferhandgelenk zur Entfernungsmessung fehlen darf, war damals eine weitgehend unbekannte, jedenfalls im Krieg noch unerprobte Technologie. Ihr Einsatz sollte die Kriegführung revolutionieren. Erstmals konnten Bodentruppen ihre Koordinaten und die ihrer ausgemachten Gegner in Echtzeit an die über ihnen agierenden Luftstreitkräfte weiterge-

ben. Ein einzelner Soldat am Boden sollte künftig die Zielkoordi-
naten für einen von einem Schiff im Persischen Golf abgefeuer-
ten Marschflugkörper bestimmen können. In letzter Konsequenz,
so schon damals die Pläne der US-Militärs, würden so nur noch
ein paar leicht bewaffnete Bodentruppen zur Koordination von
Luftangriffen vor Ort gebraucht. Schwere Panzer wären überflüssig. Für die notwendige Feuerkraft könnten die Bodentruppen
jederzeit und vor allem zielgenau Unterstützung aus der Luft an-
fordern.

Der Golfkrieg von 1991 war damit der erste Krieg, der Mobilität,
vernetzte Kriegführung und taktische Aufklärung zusammen-
brachte. Die Militärplaner hatten ihr Ziel erreicht. Gemeinsam
mit einer strikten Kontrolle über die Medienberichterstattung
im Kriegsgebiet ermöglichte dies den vermeintlichen Erfolg. Der
Krieg war in überschaubarer Zeit beendet, die Zahl der getöteten
US-Soldaten war mit 370 in der Öffentlichkeit ohne breiteren
Protest zu vertreten.[21] Vor allem aber: Das »Vietnamsyndrom«
war überwunden. Die kriegerische Zurückhaltung nach dem De-
bakel in Indochina mit etwa 58 000 Toten auf Seiten der US-Truppen war Vergangenheit. Es gab wieder einen militärischen Erfolg
zu feiern. Statt frustrierter und gedemütigter Heimkehrer aus einem verlorenen Krieg gab es endlich wieder Helden. Die Bot-
schaft der Ticker-Tape-Parade in den Straßen Manhattens war
eindeutig: Wir können wieder Kriege führen – und gewinnen.

Der »Spektakel-Krieg« war perfekt.[22] Dennoch tauchte bald
schon eine Befürchtung auf, die John Pike, kritischer Militärfor-
scher in Washington, nach dem Pentagon-Codenamen für den
Krieg am Golf als »Desert Storm Syndrom« bezeichnete.[23] Irgendwie war die Sache zu glatt gelaufen. Das »Vietnamsyndrom« war
zwar überwunden, die größte Hemmschwelle für Militäreinsätze
damit aus dem Weg geräumt, aber mit dem »Wüstensturmsyn-
drom« stand nun aus Sicht vieler Militärs und ziviler Kriegspla-
ner die Gefahr im Raum, dass die Erwartungen der US-amerika-

nischen Öffentlichkeit und der politisch Verantwortlichen in Kongress und Regierung zu hoch geschraubt worden waren. Es war, so die Befürchtung, das Bild entstanden, als könne von nun an jeder Krieg so ablaufen wie der von 1991. Nur ein tödlicher irakischer Angriff beschäftigte die Planer noch lange. Denn die meisten Toten unter den US-Soldaten waren durch den Einschlag einer Scud-Rakete in eine US-Basis in Saudi Arabien verursacht worden. Diese Lücke sollte nun durch ein umfassendes Raketenabwehrsystem geschlossen werden. Die Programme zur Entwicklung von Abwehrsystemen zum Schutz gegen Raketen kurzer und mittlerer Reichweite wurden deshalb in den neunziger Jahren unter der Regierung Bill Clinton energisch vorangetrieben. Zwar erzielten diese Systeme nicht so viel Aufmerksamkeit, sie waren aber sehr viel konkreter und für die Entwicklung der Rüstungstechnologie weitaus bedeutsamer als die politisch so umstrittenen Systeme zum Schutz gegen Interkontinental-Raketen.[12]

Wie sehr die Europäer und insbesondere Deutschland den Planungen und strategischen Überlegungen der US-Militärs folgen, zeigt sich auch an diesem Detail. Die Raketenabwehr ist nicht nur in den Verteidigungspolitischen Richtlinien von 2003 und dem Weißbuch von 2006 als auszubauende militärische Fähigkeit aufgeführt, die Entwicklung und Produktion des Abwehrsystems MEADS ist auch eines der umfangreichsten deutsch-amerikanischen Rüstungsprojekte der letzten Jahre. Abgesegnet wurde es im April 2005, nach einer für ein Rüstungsprojekt ungewöhnlich breiten Auseinandersetzung in den Medien. Die unbedingte Durchsetzung des Projekts war ein Zeichen dafür, wie sehr die deutschen Wehrpolitiker der militärpolitischen Linie der USA um jeden Preis folgen wollten. Denn auch wenn das Projekt vor allem als Schutzschild für die deutsche Bevölkerung verkauft wurde, ist es in Wahrheit dazu da, Truppen bei Interventionseinsätzen abzuschirmen. Ob es tatsächlich funktioniert – man darf es in der Tat bezweifeln –, ist völlig irrelevant. Entscheidend ist, dass mit solchen Systemen der Eindruck erzeugt wird, Interventionstruppen seien dadurch unverwundbar.

Die Renaissance der Raketenabwehr war nur einer unter vielen Effekten des Golfkriegs 1991. Generell prägte dieser Krieg das Denken – und Wunschdenken – von Militärplanern rund um den Globus hinsichtlich der Führbarkeit von Interventionskriegen. Noch 2004 pries das EU-Institut für Sicherheitsstudien die Operation »Desert Storm« als Vorbild für künftige europäische Militäreinsätze.[25] Die Erfahrung des Vietnamkriegs schwand aus dem Bewusstsein der breiten Öffentlichkeit und damit auch die Erkenntnis, dass selbst große Militärmächte Kriege gegen schwächere Gegner verlieren können. Von der militärischen Stärke her waren die USA selbstverständlich auch im Vietnamkrieg dem Gegner überlegen. Und auch bei der Zahl der Toten – so viel Zynismus sei gestattet – hatten die USA mit 58 000 Kriegsopfern im Vergleich zu knapp 3 Millionen getöteten Vietnamesen einen deutlichen Vorteil. Doch wenn Industriestaaten Kriege fernab ihres eigenen Territoriums führen, wird der Ausgang nicht auf der militärischen, sondern auf der politischen Ebene entschieden. Es geht für die in der Ferne intervenierende Macht nicht, wie im Fall eines Angriffs auf das eigene Land, um eine existenzielle Bedrohung. Der Erfolg eines militärisch schwächeren Gegners über eine stärkere Militärmacht hängt längst nicht mehr von der Zerstörung seiner militärischen Mittel ab. Es reicht aus, wie im Vietnamkrieg geschehen, den politischen Willen der intervenierenden militärischen Großmacht zu überwinden.[26]

Trotz Vietnam war der Golfkrieg prägend für die militärpolitische Debatte des gesamten folgenden Jahrzehnts. Rüstungsplaner gaben sich dem Glauben hin, wenn nur genügend in High-Tech-Rüstung investiert werde, sei das Militär wieder ein angemessenes Mittel zur Durchsetzung politischer Ziele. Auf den Anzeigenseiten der Rüstungszeitschriften prangte der Schriftzug »Desert Storm tested« als Gütesiegel. Die Militärplaner der USA strotzten vor Selbstvertrauen. Auch bei den Verbündeten der USA war man beeindruckt. Der Golfkrieg galt als Modell für den Krieg der Zukunft. Mit satellitengestützten Aufklärungssystemen, mit weitreichenden Abstandswaffen und mit einer hochmobilen Streitmacht, so der Glaube unter Militärs und Wehrpolitikern auch in Europa, würde der begrenzte, kontrollierte und verlustarme Einsatz militärischer Macht möglich. Noch heute, anderthalb Jahrzehnte später, wirkt die Euphorie von damals nach. Die Rezepte für die sogenannte Transformation der Bundeswehr, wie sie im Weißbuch 2006 aufgezeigt werden, basieren auf dem Bild des erfolgreichen und vermeintlich verlustarmen Kriegs von 1991. Die Entwicklung der Bundeswehr zur Interventionsarmee ist ohne den Einfluss des Golfkriegs nicht zu verstehen.

Viel mehr noch als auf der in der Tat revolutionär neuen Militärtechnik basierte der gefeierte Erfolg vor allem auf einer Doktrin, die den Namen des damaligen Chefs der Vereinigten Stabschefs und späteren Außenministers Colin Powell trägt. Der 1991 höchste US-Militär hatte drei Bedingungen für eine Kriegsbeteiligung der USA entwickelt. Die USA sollten erstens über eine überwältigende Übermacht verfügen – diese sollte es erlauben, einen kurzen Krieg zu führen, der eine geringe Anzahl an Toten und Verletzten in den eigenen Reihen zur Folge haben würde. Die USA müssten zweitens klare politische Ziele und eine realistische Exit-Strategie haben – also einen Plan, aus dem Krieg wieder auszusteigen. Und schließlich müsse der Rückhalt im eigenen Land gesichert sein. Kurz gesagt, sollten die USA alles anders machen als in Vietnam. Vor allem bedeutete die nach 1991 so hoch gelobte Powell-Doktrin jedoch, dass die USA nur dann eine militärische Intervention beginnen sollten, wenn damit ein klar definiertes und vor allem leicht zu erreichendes Ziel verfolgt würde. Klarer als in diesem Fall ging es tatsächlich nicht: Erklärtes Kriegsziel war es, den Abzug der irakischen Truppen aus Kuwait zu erreichen. Dies sollte den USA gelingen. Die US-Truppen waren erfolgreich – aber das verfolgte Ziel war höchst bescheiden. Sehr viel bescheidener als alles, was heute Bundeswehr und NATO in Afghanitsan anstreben, und einfacher als das, was sie sich für künftige Interventionen vornehmen. Zum Erreichen militärischer Ziele, die über reine Geländegewinne hinausgehen, war auch das technisch hochgerüstete US-Militär 1991 nicht in der Lage. Die neu erstarkte Militärmacht USA konnte weder Übergriffe auf die kurdische Bevölkerung im Norden Iraks noch solche auf die Schiiten im Süden des Landes verhindern. Ermuntert durch den Vormarsch der US-Truppen, hofften die Aufständischen auf militärische Unterstützung durch die USA. Doch als irakische Regierungstruppen die Aufstände brutal niederschlugen, blieb jede Hilfe aus. Militärisch war dieses Verhalten der US-Truppen konsequent. Wären sie eingeschritten, hätten sie einen ganz anderen, einen langen und unberechenbaren Krieg führen müssen. Das Bild von der schnellen, sauberen Operation wäre dahin gewesen. Es hätte viele tote Amerikaner gegeben. Die Siegesfeier wäre ausgefallen.

Die damalige US-Regierung fürchtete, wohl zu Recht, ein Einmarsch im Irak und eine Zerschlagung des Regimes wäre ein zu ambitioniertes Ziel, an dem auch die besten Streitkräfte scheitern würden. Und doch war es schwer zu vermitteln, dass die größte Militärmacht der Welt an den Grenzen eines gerade zerbombten, militärisch deutlich unterlegenen Landes stehen blieb. Die Neokonservativen um Präsident George W. Bush kritisierten genau diese Beschränkung auf derart bescheidene Kriegsziele. Sie wollten die US-Streitkräfte für ambitioniertere Ziele nutzen, den vermeintlichen Fehler von 1991 wettmachen und den Irak, in ihrem Sinne, militärisch demokratisieren. Als die USA den Irak 2003 schließlich angriffen, bereitete ihnen der Vormarsch erwartungsgemäß wenig Probleme. An ihren ambitionierten Zielen sollten sie dann jedoch in der nächsten und entscheidenden Kriegsphase scheitern.

Doch vorher galt es noch einen anderen Krieg zu führen – auch der ein vermeintlicher Erfolg. Als die USA nach den Anschlägen vom 11. September 2001 Afghanistan angriffen, hatten sie das erklärte Ziel, Ussama Bin Laden zu fassen oder zu töten, die dort befindlichen Lager der al-Qaida zu zerstören und das Talibanregime zu stürzen. Das Vorgehen dort war völlig anders als zehn Jahre zuvor im Irak. Es gab keine rasche Verlegung großer Truppenteile. Es gab kein schnelles Vorrücken von Panzern. Es gab überhaupt kaum US-Truppen im Einsatz auf dem Boden. Und doch bestanden, militärisch gesehen, Parallelen zu dem Krieg gegen Irak von 1991. Auch beim Afghanistankrieg wurde die enge Vernetzung von Luft-, See- und Bodenstreitkräften demonstriert. Da die Entwicklung der Waffentechnologie selbstverständlich vorangeschritten war, konnten Truppen am Boden noch zuverlässiger und schneller aus der Luft unterstützt werden. Und gerade weil die USA kaum Bodentruppen im Einsatz hatten, war diese verbesserte Koordination so wichtig: »Wir haben einige wichtige Lehren aus Vietnam gezogen«, sagte George W. Bush kurz nach Beginn des Afghanistankriegs im Oktober 2001. »Die vielleicht wichtigste Lehre ist die, dass man keinen Guerillakrieg mit konventionellen Streitkräften führen kann.«[27] In der Tat war das Neue an diesem Krieg die Kombination von hochtechnisierter Kriegführung einerseits mit einer guerillaähnlichen Kriegführung am Boden andererseits. Zwar waren nur wenige US-Soldaten im Einsatz, aber diese wurden umso gezielter eingesetzt. Spezialkräfte der US-Streitkräfte agierten verdeckt am Boden, orteten die Stellungen der gegnerischen Truppen und ließen diese dann von der Air Force bombardieren. Am Boden reichte eine Handvoll US-Soldaten, um Kommunikation und Logistik sicherzustellen. Es wäre überflüssig und unnötig riskant gewesen, ein Massenheer aufmarschieren zu lassen wie 1991 gegen Irak. Das Fußvolk besorgte man sich anderweitig – bei den afghanischen Warlords im Norden.

Auf den ersten Weltraumkrieg 1991 im Irak folgte also 2001 in Afghanistan der erste Outsourcing-Krieg. Unter *outsourcing* wird in der Regel die »Verlagerung von betrieblichen Aktivitäten eines Unternehmens an Zulieferer oder Dienstleister« verstanden. Ziel ist »eine Verringerung von Gemeinkosten und die Konzentration auf das Kerngeschäft«, um so »Wettbewerbsfähigkeit und Flexibilität eines Unternehmens zu steigern.«[28] Genau dies war die Strategie der USA in Afghanistan. Das US-Militär beschränkte sich auf sein Kerngeschäft, auf seine Kernkompetenzen. Eine paar eigene Fachkräfte wurden eingesetzt, die ungelernten Arbeitskräfte vor Ort angemietet. Statt teure eigene Leute über Tausende Kilometer einzufliegen, heuerte man das Gros der Kräfte im Billiglohnland Afghanistan an. Das sparte Kosten, nicht nur finanziell messbare, sondern vor allem auch politische. In einer vertraulichen Anweisung zur »unkonventionellen Kriegführung« vom September 2008 feiert die Führung der US-Armee den Kampf mit Hilfe von *surrogates*, also Stellvertretern, als besonders erfolgreiches Beispiel für den verdeckten Krieg. »Die Erfahrung in Afghanistan von 2001 bis 2002 demonstriert, dass unkonventionelle Kriegführung keine lang andauernde und teure Unternehmung sein muss.« Durch die Einführung militärischer Berater sei es möglich gewesen, so die Army in dem zunächst nur einem begrenzten Verteiler zugänglichen *field manual*, »die Taliban und al-Qaida-Kräfte in weniger als vier Monaten zu besiegen und zu zerschlagen.«[29] Eine der militärischen Aufgaben der Spezialkräfte sei es gewesen, »das Feuer gegen wichtige Truppenkonzentrationen der Taliban zu richten.«

Die US-Luftwaffe konnte über Afghanistan ohne jedes Risiko agieren, die Spezialtruppen waren ebenfalls schwer verletzbar, so dass man den Tot von Amerikanern fast ausschließen konnte. Dabei wäre eine derartige Risikolosigkeit aus Sicht des Militärs zu diesem Zeitpunkt gar nicht so wichtig gewesen wie etwa noch 1991 im Irak. Denn ironischerweise kam das *outsourcing* ausge-

rechnet in der einzigen Situation seit langer Zeit – und möglicherweise für lange Zeit überhaupt – zum Tragen, in der die US-
amerikanische Öffentlichkeit eine große Anzahl toter Soldaten
akzeptiert hätte. Nach den Anschlägen vom 11. September 2001
gab es in den USA erstmals seit Pearl Harbor wieder das Gefühl,
angegriffen worden zu sein. Der Krieg in Afghanistan konnte deshalb, zumindest in den ersten Wochen und Monaten, als ein Fall
von Landesverteidigung deklariert werden. Es herrschte, ob be-
rechtigt oder nicht, das Empfinden einer existenziellen Bedrohung vor.

Trotz dieser für die Wehrpolitiker in Washington komfortab-
len Situation setzte das Pentagon auf *outsourcing*. Es reizte die
politische und militärische Führung offenbar, in Afghanistan
eine neue, effektive und kostengünstige Variante zu testen. Der
damalige US-Verteidigungsminister Donald Rumsfeld konnte
seine Freude über diese Art der Kriegführung nicht verhehlen.
Auf den fast täglichen Pressekonferenzen trat er als schlagferti-
ger Verkäufer eines revolutionär neuen Produkts auf. Und er ließ
immer wieder ein paar unsichtbare Operationen sichtbar machen. Die anderen sollten dadurch um so geheimer bleiben.[30]
Wenn er die Powerpoint-Präsentation einer vorgeblich geheimen
Aktion durch die Bemerkung auflockerte, dieses Tier da sei
»wahrscheinlich der Vetter meines Esels Moe«, demonstrierte
Rumsfeld die Begeisterung für die Kooperation der mit neuester
Technik ausgestatteten US-Spezialkräfte mit den Low-Tech-Krie-
gern der afghanischen Warlords.[31] Auch der sonst im Ton militä-
risch-kühle Rückblick der US-Armee vom September 2008 zeigt
sich begeistert von der »ersten berittenen Herausforderung gegen gepanzerte Truppen seit mehr als sechzig Jahren«.[32] Der Erfolg der Operation, so die US Army noch sieben Jahre später, sei
»unbestritten«. Das Geheimrezept für den selbst deklarierten
schnellen und sparsamen Krieg, die Kombination aus Spezial-
kräften und angeheuerten Truppen afghanischer Warlords ging

in der Tat kurzfristig auf. Und überall wurde es gefeiert. Selbst Skeptiker sprachen jetzt nur noch davon, wieviel die Barbiere in Kabul nach dem Abzug der Taliban zu tun hätten. Vor lauter verständlicher Freude über die neue Freizügigkeit in Kabul wurde vergessen, dass die Hauptstadt nicht identisch mit Afghanistan ist – ein eigentlich unverzeihlicher Fehler, der freilich den sowjetischen Invasoren genauso unterlaufen war. Vor allem aber, und darum geht es hier, trug das vermeintlich geniale Konzept des schnellen Outsourcing-Kriegs ganz entscheidend zu der Situation bei, wie sie auch noch sieben Jahre später in Afghanistan besteht. Nur so gelangten die Warlords in die starke Position, in der sie bis heute sind.

Das Bündnis der USA mit der sogenannten Nordallianz war aus Sicht des Pentagon eine kluge Idee. Aber als erfolgreich kann es bestenfalls dann bezeichnet werden, wenn man das Kriegsziel denkbar eng definiert und die Langzeitkosten ausklammert. Die Camps von al-Qaida in Afghanistan konnten zerstört und die Taliban aus der Regierung vertrieben werden. Diese sehr begrenzten Ziele wurden zwar erreicht. Aber für alle Ziele, die darüber hinaus gehen, war die Outsourcing- oder Surrogates-Kriegführung nicht nur ungeeignet, sie war sogar kontraproduktiv, weil sie allen weitergehenden Kriegszielen im Weg stand. Demokratisierung der Gesellschaft, Durchsetzung elementarer Menschenrechte, Aufbau eines Rechtsstaates – all das konnte auf diesem Weg nicht erreicht werden. Durch das »gemeinsame Vorgehen mit der Nordallianz«, so der britische Militärhistoriker Gwynne Dyer, »haben sich die Amerikaner der Möglichkeit beraubt, die Gesellschaft zu verändern.«[33] Man könne nicht »als Verbündeter einer Bürgerkriegspartei ins Land kommen und dann hoffen, dass man die transformierende Kraft im ganzen Land wird.« Ein Problem ist das vor allem dann, wenn höchst ambitionierte Ziele ausgegeben werden, wie es deutsche Wehrpolitiker gern tun. Wer die schöne Illusion hegt, mit der Besetzung Afghanistans die

Grundlagen für eine demokratische Gesellschaft zu schaffen, der muss am Ende erkennen, dass das Auslagern der Kriegführung an bestimmte Fraktionen des afghanischen Bürgerkriegs die Möglichkeiten für eine solche Entwicklung geradezu verhindert, und dies um so mehr, je größer der Anspruch ist, gesellschaftliche Veränderungen in ganz Afghanistan voranzutreiben. Das Klagen über korrupte Regierungsmitglieder und machtbesessene Warlords ist deshalb müßig und naiv. Die Strukturen waren bekannt. Und sie wurden erheblich verfestigt durch die Art der US-Kriegführung zu Beginn der Invasion, zu einer Zeit also, als die Bundeswehr noch gar nicht in Afghanistan war.

Kaum hatten sich die US-Streitkräfte in Afghanistan eingerichtet, liefen auch schon die Vorbereitungen für den nächsten vermeintlich schnellen Krieg. Diesmal sollte alles sogar noch schneller und einfacher gehen – so hatte es zumindest der damalige Pentagon-Chef Donald Rumsfeld vorgegeben. Einen Truppenaufmarsch von fast einer halben Million US-Soldaten wie 1991 befand Rumsfeld für überflüssig. Den Erfolg bringen sollte eine Kombination der vermeintlichen Erfolgsrezepte von 1991 im Irak und 2001 in Afghanistan. Mit *shock and awe*, also mit der Androhung massiver Gewalt in den ersten Kriegstagen, sollten die irakischen Truppen und die politische Führung des Irak massiv eingeschüchtert werden.[34] Zum anderen war geplant, auch im Irak wieder zur nicht-konventionellen Kriegführung zu greifen. So wurden US-Spezialtruppen in die faktisch unabhängigen kurdischen Gebiete im Norden Iraks geflogen, um dort die bewaffneten lokalen Gruppen zu koordinieren und technische Unterstützung zu leisten. Auf diese Weise sparten die US-Militärs nicht nur eigene Kräfte ein, sie konnten auch die anfängliche Weigerung ihres NATO-Verbündeten Türkei umgehen, für den Aufbau einer zweiten Front türkisches Territorium zur Verfügung zu stellen. US-Spezialtruppen »infiltrierten erfolgreich Kurdistan im nördlichen Irak und verbanden sich mit kurdischen Peschmerga-Einheiten«, beschreibt die US-Armee in den schon zitierten Einsatzrichtlinien für nicht-konventionelle Kriegführung ihr Vorgehen. Die »angestrebte zweite Front wurde durch die Nutzung ursprünglich nicht angestrebter Methoden« erreicht. Diese Erfahrung zeige, so die Army, dass »nicht-konventionelle Kriegführung in der gegenwärtigen Weltlage und im Kontext laufender großer Kampfhandlungen weiterhin nützlich ist«.[35]

Angesichts des jahrelangen De-facto-Kriegszustandes, in dem sich der Irak befunden hatte, war erheblicher militärischer Widerstand nicht mehr zu erwarten. Der US-amerikanische Vormarsch mag zwei oder drei Wochen schneller vonstatten gegangen sein als erwartet, und es kam zunächst auch nicht zu einem Gemetzel in den Straßen von Bagdad. Doch auch diesmal wurde wieder zu früh auf den großen militärischen Erfolg angestoßen. Auch deutsche Medien feierten vorschnell den Sieg der US-Streitkräfte und wähnten den Irakkrieg beendet. Wer im Sommer 2003 darauf beharrte, dass der Krieg trotz des schnellen Einmarsches der US-Truppen längst nicht vorbei sei, musste sich als unbelehrbarer Besserwisser abstempeln lassen, der einfach nicht eingestehen konnte, dass die US-Strategie dem Land schnell Frieden und die Aussicht auf Demokratie gebracht habe.[36]

Dabei hat der Einmarsch in den Irak nicht einmal den USA Vorteile gebracht. Selbst wenn man nur in Kategorien wirtschaftlichen Nutzens denkt, ist der Irakkrieg schon jetzt ein monströser Fehlschlag. Natürlich profitieren private US-amerikanische Firmen von dem Krieg. Aber insgesamt gesehen hat er das Haushaltsdefizit der USA in gigantische Höhen getrieben. Einige Entscheidungsträger in Washington mögen in der Tat von der Aussicht auf wirtschaftliche Vorteile geleitet worden sein. Aber im Fall des Irakkriegs war die Hoffnung auf ökonomischen Nutzen für die USA genauso Wunschdenken wie die Idee, mit einem Angriff auf den Irak dem Mittleren Osten die Demokratie zu bringen.

Mit leichter Verzögerung wurden im Irak die düstersten Vorhersagen über Chaos und Gewalt bei weitem übertroffen. Als nach dem schnellen Vormarsch und dem Sturz Saddam Husseins der Sieg gefeiert wurde, hatte der eigentliche Krieg noch gar nicht begonnen. Während der sechs Wochen der sogenannten Hauptkampfphase gab es insgesamt 173 Tote unter den US-amerikanischen und britischen Soldaten. Seitdem sind mehr als 4000 Tote dazu gekommen.[37] Das sind im Tagesdurchschnitt zwei tote Soldaten. Und täglich werden schwerverletzte und für ihr Leben verkrüppelte Soldaten vom Irak aus in das US-Militärkrankenhaus im rheinland-pfälzischen Landstuhl geflogen.[38]

Auch sonst sind die Folgen für Amerika dramatisch. Da der wachsende Personalbedarf der Streitkräfte kaum gedeckt werden kann, greifen Rekrutierungsbüros zu immer aggressiveren Methoden und nutzen die Perspektivlosigkeit vieler Jugendlicher aus ärmeren Schichten aus. Auch werden Reservisten, die zur Zeit ihrer Verpflichtung nie daran dachten, eines Tages in den Krieg ziehen zu müssen, aus ihren Berufen gerissen und in immer längere Einsätze im Irak und in Afghanistan geschickt. Offizielle Statistiken über den Verbleib der Rückkehrer, deren Zahl sich mittlerweile auf eine Million summiert hat, gibt es nicht. Nach Ende ihrer Dienstzeit stehen sie häufig vor dem wirtschaftlichen Ruin, Tausende Irakkriegsveteranen können auch Jahre nach ihrer Rückkehr aus dem Irak oder Afghanistan ihre traumatischen Erlebnisse nicht verarbeiten.[39] Im Jahr 2006 lebten insgesamt 196000 ehemalige US-Soldaten verarmt auf den Straßen amerikanischer Städte. Die noch lebenden Veteranen aus sämtlichen Kriegseinsätzen der USA stellen einen Anteil von 11 Prozent an der Gesamtbevölkerung, unter den Obdachlosen sind sie mit 26 Prozent deutlich überproportional vertreten.[40] Und Zahlen über Selbstmorde unter den heimgekehrten US-Soldaten kommen in keiner offiziellen Statistik über die Opfer der Kriege vor.

Auf irakischer Seite liegt die Zahl der Toten natürlich deutlich höher. Selbst konservative Schätzungen, basierend auf Presseberichten und Angaben der irakischen Regierung, gehen von mehr als 80 000 getöteten Irakern aus.[41] Im Irak führte der Krieg zur größten Flüchtlingswelle seit mehr als einem halben Jahrhundert. Vier Millionen Menschen haben Schätzungen zufolge ihr Zuhause verlassen, um der alltäglichen Gewalt zu entgehen. Irak liegt auf Platz zwei der Liste mit den Ländern, die die meisten Flüchtlinge hervorbringen. 2,3 Millionen Menschen aus dem Irak haben, nach Angaben des Hochkommissariats für Flüchtlingsfragen UNHCR, in den Nachbarländern Zuflucht gesucht. Insbesondere die Hauptaufnahmeländer Syrien und Jordanien, selbst nicht durch Wohlstand verwöhnt, stellt das vor große gesellschaftliche und wirtschaftliche Probleme.[42] Übertroffen wird Irak bei der Zahl der offiziell gezählten Flüchtlinge nur von Afghanistan. Mehr als sieben Jahre nach der Invasion der USA und ihrer Verbündeten zählt das UNHCR 3,1 Millionen Flüchtlinge. Die Afghanen stellen damit 27 Prozent der weltweiten Flüchtlingspopulation. Die Hälfte aller weltweit registrierten Flüchtlinge stammt aus dem Irak oder Afghanistan.[43] Und in diesen Zahlen sind nur solche Flüchtlinge erfasst, die die Grenze ihres Landes überschritten haben, nicht die Binnenflüchtlinge.

Man stelle sich vor, aufgrund eines durch eine externe Intervention ausgelösten internen Kriegs seien in einem Land vier Millionen Menschen auf der Flucht. Man stelle sich vor, wie im Irak der Fall, die Hälfte davon seien Binnenflüchtlinge, die andere Hälfte habe die Grenzen zu den Nachbarstaaten überschritten. Eines der betroffenen Nachbarländer habe allein eine Million dieser Flüchtlinge aufgenommen mit dramatischen Effekten auf die Volkswirtschaft, das Gesundheitssystem, die Immobilienpreise. Nehmen wir an, eine solche Lage wäre an den Grenzen eines EU-Lands entstanden. Die Interventionsbefürworter aller Länder und Lager wären gleich mit der Forderung nach einem schnellen Eingreifen zur Stelle. Mit Blick auf Afghanistan und Irak gibt es solche Stimmen aber nicht. Im Irak ist das Flüchtlingsproblem überhaupt erst durch den US-Einmarsch entstanden. Durch die militärische Intervention wurde eine humanitäre Katastrophe geschaffen, die ansonsten zur Begründung militärischer Einsätze angeführt wird.

Eine solche humanitär begründete Intervention gab es 1992 in Somalia. Durch die Kriege in Irak und Afghanistan ist dieser Einsatz ganz in Vergessenheit geraten, dabei sagt er mindestens so viel aus über die tatsächliche Macht des Militärischen wie die beiden großen und langwierigen Interventionen im Mittleren Osten. Nach traditionellen Maßstäben und gemessen an der wirtschaftlichen und militärischen Stärke des Landes hätte die Operation eine einfache Übung für das US-Militär sein müssen. Vor den High-Tech-Kriegern aus den USA lag ein völlig zerstörtes Land, ohne organisierte Armee relevanter Größe, ohne Luftwaffe, ohne ernstzunehmende Großwaffensysteme, ohne sichere Kommunikationsmittel.

Die Intervention der USA, durchgeführt mit einem Mandat des UN-Sicherheitsrats, war zumindest für die deutsche Bundesregierung ein Erfolg. Mit der Entsendung eines Bundeswehrkontingents machte der damalige Verteidigungsminister Volker Rühe den ersten großen Schritt, um aus den deutschen Streitkräften eine Eingreiftruppe zu formen.[44] Fernab vom Bürgerkrieg in und um die Hauptstadt Mogadischu wurde die Bundeswehr in der nördlichen Provinz Somaliland eingesetzt. Dort war es zwar ohnehin ruhig, aber für die Politik der langsamen Gewöhnung der deutschen Öffentlichkeit an Auslandseinsätze der Bundeswehr war dies genau deshalb der richtige Ort.

Auch für die damalige US-Regierung war es *die* Gelegenheit, der Welt zu zeigen, dass sie ihre neue militärische Macht nicht nur zur Verteidigung ölreicher Staaten am Golf, sondern auch für humanitäre Zwecke einsetzen würde. Doch ausgerechnet an dieser Aufgabe scheiterte das US-Militär deutlicher als irgendwo sonst seit dem Vietnamkrieg. Gescheitert sind die USA nicht an einem übermächtigen Gegner, sondern am Gegenteil: an der Abwesenheit eines eindeutig identifizierbaren Kontrahenten, dessen Strukturen hätten ausgeschaltet werden können.

Nachdem der Rest der Welt sich ein Jahr lang kaum dafür interessiert hatte, wie nach dem Sturz des Diktators Siad Barre ein Bürgerkrieg das Land vollends zerstörte, wollten die USA das Problem Ende 1992 mit ihrer geballten Militärmacht lösen. Die US-Streitkräfte gingen den Auftrag so selbstsicher an, dass sie den Beginn fernsehgerecht inszenierten. Als die ersten US-Soldaten in Amphibienfahrzeugen auf den Strand von Mogadischu rollten, wurden sie nicht von feindlichen Rebellen, sondern von ganz friedlich gesinnten Kameraleuten der US-Fernsehsender erwartet. »Ihr bekommt wirklich eine gute Show«, versprach ein US-Offizier den am Strand von Mogadischu wartenden Journalisten.[45]

Dieser Einstieg trug erst recht dazu bei, dass in den USA der Eindruck entstand, hier ginge es um einen einfach zu beendenden Auftrag. Die Warlords sollten nicht entwaffnet werden, sondern sie durften nur ihre Waffen nicht offen zeigen und keine Straßensperren errichten. Ihre Macht wurde eingeschränkt, aber nicht tatsächlich herausgefordert. Als es im weiteren Verlauf des Einsatzes aber um die Einschränkung der Macht der Warlords ging, war das Scheitern der Intervention nicht mehr fern. Konnten die Warlords kurzfristig akzeptieren, zentrale Infrastrukturpunkte den US-Truppen zu überlassen, so mussten sie mit zunehmender Dauer um ihren Einfluss fürchten, zumal mit einem weiteren UN-Mandat der Auftrag der internationalen Truppen ausgeweitet wurde. Statt lediglich wichtige Teile der Infrastruktur zu übernehmen, sollte nun ganz Somalia erfasst werden. Statt nur Hilfstransporte und Verteilungsstellen zu bewachen, sollten nun auch im großen Maßstab Waffen im Land eingesammelt werden.[46] Statt um einen Notfalleinsatz ging es jetzt um den Aufbau eines neuen Staates.

Von jetzt an waren die US-Truppen, wie auch die anderen ausländischen Militärs im Land, zwangsläufig Teil des Bürgerkriegs. Die US-Streitkräfte sahen ihre Aufgabe fortan darin, einige der Warlords zu jagen. Und sie verstanden dabei nicht – wie später in Afghanistan –, dass selbst eine von Warlords malträtierte Bevölkerung nicht automatisch den neuen Besatzern zujubelt. Und so wurden die USA, und mit ihr auch die anderen im Land stationierten internationalen Truppen, selbst zur Kriegspartei. Die Erfolge der militärischen Intervention waren nicht mehr erkennbar. Als im Oktober 1993 schließlich zwei US-Hubschrauber abgeschossen und tote US-Soldaten durch die Straßen geschleift wurden, waren das nicht mehr die Bilder, die man sich aus Somalia gewünscht hatte. Der damalige Präsident Bill Clinton ordnete den Rückzug aus Somalia an. Selbst eine vom Pentagon in Auftrag gegebene Studie erklärte den Einsatz in Somalia später für gescheitert. Die ambitionierten Ziele für einen Staatsaufbau sollten sich, so folgern die Autoren der vom Pentagon finazierten RAND Corporation zu Recht, »an verfügbaren Kräften, Ressourcen und an der Durchhaltefähigkeit« ausrichten.[47] Für künftige Interventionen des US-Militärs dürfte der Somaliaeinsatz – ein Krieg ohne klaren Gegner in einem nicht mehr oder kaum noch existierenden Staatsgebilde – sehr viel charakteristischer sein als der Golfkrieg 1991, bei dem es nur um die Rückeroberung eines besetzten Territoriums ging.

Die USA werden auch in Zukunft der militärpolitische Marktführer bleiben. Der Apparat wird, wenn nicht weiter ausgebaut, so doch auf dem jetzigen Stand erhalten bleiben. Doch die Aussichten, künftige Interventionen auch nur halbwegs zum Erfolg zu führen, dürften weiter sinken. Für diese Prognose bedarf es keines Hinweises auf Studien militärkritischer Forscher. Es war ein Bericht der US-Geheimdienste, mit dem im November 2008 die Central Intelligence Agency, die National Security Agency und andere, weniger bekannte Nachrichtendienste der USA ihre eigene Regierung darauf hinwiesen, dass nicht-konventionelle

oder »asymmetrische« Kriegführung potenzieller Gegner die
Durchsetzungsfähigkeit der gigantischen Militärmacht USA weiter schwächen würde.[48] Die Diskrepanz zwischen gefühlter Allmacht und der an langfristigen Erfolgen messbaren tatsächlichen
Macht wird damit weiter wachsen.

Die USA sind mit ihren Streitkräften in Irak und Afghanistan
gescheitert. Und die amerikanische Gesellschaft hat dafür einen
hohen Preis bezahlt. Ein Blick auf diese Desaster und die hohen
politischen wie wirtschaftlichen Kosten sollte den Glauben in die
militärische Machbarkeit nachhaltig erschüttern. Wenn schon
die militärische Supermacht USA so schnell an Grenzen stößt,
dann ist für die gerade erst aufstrebende Militärmacht Deutschland ein wenig mehr Nachdenklichkeit bei der Planung von Auslandseinsätzen erst recht angesagt. Für deutsche Überheblichkeit
gibt es schon jetzt keinen Anlass. Die kurze Geschichte der Bundeswehr im Auslandseinsatz ist keine Geschichte der großen Erfolge.

5. Gefühlte Erfolge

»Zur Abwendung einer humanitären Katastrophe im Kosovo-Konflikt«, so steht es in Drucksache 14/11469, beantrage die Bundesregierung den »Einsatz bewaffneter Streitkräfte«. Knapp und eindeutig. Das vorgegebene Ziel war höchst moralisch – vor allem aber war es denkbar ambitioniert. Über das Moralische wurde in Deutschland vor, während und nach dem Kosovokrieg gestritten, über ethische Verantwortung und Verantwortbarkeit, über Legitimität und Legalität. Kaum diskutiert wurde, ob das Ziel nicht vielleicht ein wenig zu hoch angesetzt war, ob es mit den eingesetzten Mitteln überhaupt erreichbar sein konnte. Völlig unbeachtet blieb deshalb auch der zweite Teil des vom Parlament verabschiedeten nur siebenzeiligen Mandats. Denn der Auftrag, der dort erteilt wird, ist zwar einerseits der weitestreichende, den deutsche Streitkräfte seit 1945 erhalten haben: Erstmals ermächtigte der Deutsche Bundestag die Bundeswehr zur aktiven Beteiligung an Luftangriffen. Zugleich ist der dort beschriebene Auftrag aber sehr viel begrenzter als das, was dann tatsächlich folgte. Das Mandat galt nämlich nur für die Beteiligung an »begrenzten und in Phasen durchzuführenden Luftoperationen«. Das ist nicht gerade eine passende Beschreibung für das dann folgende zweieinhalbmonatige Dauerbombardement.

Nirgends sonst ist die Naivität, sind die Illusionen über die Dynamik militärischer Gewalt so explizit dokumentiert wie in dieser, dem Bundestag am 16. Oktober 1998 zur Abstimmung vorliegenden Drucksache. In der Plenardebatte sprachen der zu diesem

Zeitpunkt noch gar nicht vom Parlament gewählte künftige Kanzler Gerhard Schröder und der künftige Außenminister Joschka Fischer von der Möglichkeit der tatsächlichen Umsetzung der militärischen Drohungen der NATO nur in der Vergangenheitsform, denn just zu diesem Zeitpunkt erschien es beiden so, als habe die Drohstrategie Erfolg. Eine Woche zuvor hatte der NATO-Rat die sogenannte »Activation Order« beschlossen, die Militärs hatten also schon die politische Erlaubnis für die Luftangriffe. Fischer lobte sich im Bundestag dafür, zumindest schon einmal über die Möglichkeit der Umsetzung der Drohung nachgedacht zu haben. Der »mögliche Einsatzbefehl und die Rolle, welche die deutschen Streitkräfte dabei in der ersten Welle zu spielen gehabt hätten«, habe bei den Überlegungen natürlich »eine große Bedeutung gehabt«.[1]

Doch auch als dann fünf Monate später, im März 1999, der vom Parlament gefasste Vorratsbeschluss von der Bundesregierung in Anspruch genommen wurde, waren die politischen Entscheider noch voller Illusionen. Statt wie im Oktober 1998 durch den Parlamentsbeschluss eines eilig zusammengetrommelten Bundestags lediglich verbal, mussten die Drohungen gegenüber der Regierung in Belgrad nun mit richtigen Bomben untermauert werden. Im Kopf hatte man da wohl die Luftangriffe auf den Irak im Dezember 1998. Unter dem Codenamen »Desert Fox« hatte die Clinton-Regierung vier Tage lang Irak bombardieren lassen, um damit Forderungen nach Zugang zu irakischen Atom- und Chemieanlagen und Dokumenten im Rahmen der UNSCOM-Inspektionen durchzusetzen. Doch diesmal war das Ziel sehr viel ambitionierter. Nach dem Kosovokrieg beschrieben offizielle US-Quellen in Analysen mit kaum verhaltenem Erstaunen bis Entsetzen, dass die politischen Entscheidungsträger in Europa tatsächlich von nur zweitägigen Bombardements ausgegangen waren. Dann sollte alles wieder in Ordnung sein. Die Regierung in Belgrad würde eingelenkt haben, der Vertrag von Rambouillet wäre von allen unterzeichnet und die NATO-Bodentruppen könnten ins Land rollen.

Ganz so simpel war es dann doch nicht. Die Bombardements der NATO mit Beteiligung der Bundesluftwaffe dauerten nicht 48 Stunden, sondern 78 Tage. Und von »Phasen«, wie vom Bundestag beschlossen, oder von »Wellen«, wie von Fischer vorgetragen, konnte zu keiner Zeit des Kriegs gesprochen werden. Schuld war natürlich nicht die NATO oder gar die politische Führung in Deutschland. »Von Beginn an zeigte sich«, so schrieb Joschka Fischer, »dass das große Problem für die NATO darin bestand, dass der Feind sich nicht wie erwartet verhielt und zudem das Wetter südlich des 44. Breitengrades nicht mitspielte«.[2] Da will man sich nach langer Zeit doch einmal an einem kurzen und sauberen Krieg beteiligen – und prompt ist das Wetter schlecht. Und dann ist auch noch der militärische Gegner so unfreundlich, dass er nicht das tut, was von ihm erwartet wird.

Drohungen hatten wieder keinen Erfolg gebracht. Jetzt gab es nur noch einen Plan: Bomben bis zum Ende. Jetzt war nichts mehr begrenzt, wie von den politischen Entscheidern möglicherweise zuvor tatsächlich erwartet. Im Gegenteil. Die Angriffe wurden stetig ausgeweitet. Die Ziellisten wurden länger, die einbezogene Fläche wurde erweitert. Der Bezug zu dem Geschehen im Kosovo war immer weniger ersichtlich. Und je länger die Luftangriffe andauerten, desto fester das Beharren der NATO und der deutschen Bundesregierung, bloß keine Pause einzulegen. Auch dies folgte einer immanenten Logik. Man musste sich angesichts des nicht erreichten Ziels selbst beweisen, dass man nicht aufgegeben würde. Und in Deutschland fürchteten Schröder und Fischer wohl zu Recht, dass es nach einer einmal eingelegten Pause umso schwieriger sein würde, die innenpolitische Unterstützung für eine Wiederaufnahme der Luftangriffe zu organisieren.

Nachdem die Strategie der Drohungen nicht aufgegangen war, nachdem sich also der Plan, mit einer militärischen Machtdemonstration das Ziel erreichen zu können, als Illusion herausgestellt hatte, standen die militärischen Planer, und dies hieß vor allem die federführenden US-Militärs, vor einem Problem. Es gingen ihnen die geeigneten Ziele aus. Nicht weil die gesamten serbischen Streitkräfte verschwunden, deren Soldaten getötet und ihr Kriegsmaterial zerstört war – die serbische Armee entkam nahezu intakt. Die militärische Ratlosigkeit ergab sich vielmehr aus einem Dilemma, das zwar im Kosovokrieg besonders deutlich wurde, aber charakteristisch ist für humanitär begründete militärische Einsätze. Man wollte ohne großes Risiko vorgehen – also nicht mit Bodentruppen. Dadurch konnte das gegnerische Militär kaum behindert werden. Gleichzeitig wollte man dosiert vorgehen. Das sollte besser zur humanitären Begründung passen. Aber damit verfehlte die Drohung ihre Wirkung.

Die US-Militärs beklagten im Nachhinein offen, dass sie sich durch die humanitär begründeten Einschränkungen beeinträchtigt sahen. Ohne solche Begrenzungen wäre alles viel schneller gegangen, sagten sie. Mit der Art der Kriegführung der NATO sei in mehrfacher Hinsicht, folgerte eine zwei Jahre nach den Luftangriffen angefertigte Studie des US Government Accounting Office, gegen die geltende Doktrin des US-Militärs für solche Operationen verstoßen worden.[3] »Die anfangs gesetzten Ziele waren nicht eindeutig definiert und militärisch nicht erreichbar«, lautet die Einschätzung des für seine politisch zurückhaltenden Analysen bekannten Aufsichts- und Beratungsorgans des Washingtoner Regierungsapparats in dem vom Streitkräfteausschuss des US-Repräsentantenhauses angeforderten Bericht. »Militärische Operationen«, wird da erinnert, »sollen auf ein eindeutig definiertes, bestimmtes und erreichbares Ziel gerichtet sein.«[4] Doch erst nachdem schon einen vollen Monat lang rund um die Uhr Bomben auf Rest-Jugoslawien abgeworfen worden waren, habe es überhaupt so etwas wie eine Festlegung auf ein anvisiertes Ziel gegeben, beklagten die Washingtoner Experten. Ein britischer

Militäranalyst sprach gegen Ende der Luftangriffe davon, es habe eigentlich zwei Kriege gegeben: Der erste habe einen Monat gedauert und habe nur etwa 80 Angriffe pro Tag gesehen. Der zweite ging über sechs Wochen, und die Einsätze pro Tag steigerten sich auf 600.[5]

In Deutschland war man 1999 noch weniger ans Kriegführen gewöhnt als heute. Zudem hatte man gerade die zuvor von den frisch angetretenen Regierungsparteien hoch gehaltene Forderung nach einem zwingend notwendigen Mandat des UN-Sicherheitsrats mit dem Argument der akuten Nothilfe beiseite geschoben. Vor allem deshalb musste die Zielsetzung ganz besonders moralisch ausfallen. Als ein ernst dreinblickender Bundeskanzler dem Souverän am Abend des 24. März 1999 bekannt gab, die NATO habe unter Beteiligung der Bundesluftwaffe »mit Luftschlägen gegen militärische Ziele in Jugoslawien begonnen«, gab Schröder auch das Ziel vor: Die NATO wolle mit der Aktion »schwere und systematische Verletzungen der Menschenrechte unterbinden und eine humanitäre Katastrophe im Kosovo verhindern«.[6] Unterbinden und verhindern – angekündigt war also eine Aktion zur konkreten Abwendung eines Übels. Von einem unbegrenzten Krieg zur Durchsetzung der Forderung nach einem politischen Einlenken der jugoslawischen Regierung war keine Rede. Selbst der militärische Befehlshaber der NATO-Streitkräfte im Kosovokrieg, Wesley Clark, gab am Tag nach den ersten Angriffen noch an, es gehe darum »die jugoslawischen Streitkräfte anzugreifen«, um deren Fähigkeit zu vermindern, ihre Repressionen gegen die Zivilbevölkerung fortzusetzen.[7] Ein paar Sätze später sprach Clark dann jedoch davon, die Angriffe würden solange weitergehen, »bis Präsident Milošević den Forderungen der internationalen Gemeinschaft nachkommt«.

Tatsächlich war hier schon erkennbar, dass es einen Konflikt zwischen zwei ganz unterschiedlichen Ansätzen gab. Dieser Konflikt basierte nicht auf unterschiedlichen Auffassungen der US-

Regierung einerseits und der deutschen Regierung oder anderen europäischen Verbündeten andererseits. Es war vielmehr ein inhärenter Konflikt, ein nicht auflösbares Dilemma zwischen politischer Begründung und Zielsetzung sowie einem möglichst risikofreien militärischen Vorgehen in diesem Krieg. Es geht dabei nicht nur um zwei unterschiedliche, es geht dabei um zwei gegensätzliche Strategien. Einerseits sollten die Streitkräfte durch eine Demonstration der Stärke die Führung in Belgrad zum Einlenken bewegen – eine Strategie, die auf die Hoffnung setzt, den politischen Willen des Gegners zu beeinflussen, sich damit aber vollends abhängig von eben diesem Gegner macht, dem man doch eigentlich nur das Schlechteste zutraut. »Diese Entscheidung der NATO«, so urteilte später eine vom Pentagon finanzierte Studie der Rand Corporation, »überließ im Grunde Milošević die Initiative«.[8] Die andere Option bestand darin, dem jugoslawischen Militär ganz konkret die Mittel aus der Hand zu nehmen. Doch das wäre riskant gewesen.

Werden moralische Motive angeführt, mag das zwar, zumindest in Deutschland, dazu beitragen, dass eine Kriegsbeteiligung die grundsätzliche Unterstützung der Bevölkerung erfährt. Gleichzeitig dürfte aber die Bereitschaft, Tote und Verletzte unter den eigenen Soldaten zu akzeptieren, geringer sein als in Fällen, bei denen der Eindruck verbreitet wird, das eigene Leben oder zumindest den eigenen Wohlstand zu verteidigen. Genau dieser Bereitschaft zu Opfern unter den eigenen Truppen bedarf es aber, soll nicht nur abgeschreckt, sondern konkret etwas bewirkt werden. Ohne humanitäre Ambitionen kann ein Krieg mit Abstandswaffen geführt, das Risiko für die eigenen Soldaten somit gering gehalten werden. Soll aber tatsächlich Schaden für eine bedrohte Bevölkerung militärisch abgewendet werden, müssen sich Bodentruppen in Gefahr begeben. Je höher also die moralischen Ansprüche, desto größer wird das Risiko für die eingesetzten Soldaten.

Der Kosovokrieg hat dies besonders deutlich gemacht: So moralisch die Begründung für die Beteiligung an den Luftangriffen in Deutschland auch war, so gering war das eingegangene Risiko. Geflogen wurde grundsätzlich auf über 5000 Metern Höhe. So sollte die Gefahr eines Beschusses durch die serbische Luftabwehr minimiert werden. In der Tat gab es dadurch keinen einzigen getöteten Soldaten auf Seiten der NATO und nur zwei abgeschossene Flugzeuge, deren Piloten überlebten.[9] Gemessen an den insgesamt 38000 Angriffen sind die zwei Abschüsse kaum der Rede wert. Bodentruppen waren ohnehin nicht im Einsatz. Die von den US-Militärs so hoch gehaltene enge Koordinierung von Einheiten der Army und der Air Force kam also gar nicht erst zustande. Nicht einmal kleine Spezialeinheiten zur Erfassung und Weitergabe von Koordinaten möglicher Ziele am Boden, wie später in Afghanistan ausgiebig praktiziert, waren im Einsatz. Dies beeinträchtigte zwar nicht die Bombardierung von sogenannten festen Zielen, also von Gebäuden, Straßen, Brücken und Industrieanlagen. Aber die, im Militärsprech, »beweglichen Ziele«, insbesondere die im Kosovo agierenden Einheiten der serbischen Armee, konnten so kaum getroffen werden: Als die serbische Armee später das Kosovo verließ, standen NATO-Truppen staunend an der Straße und konnten beobachten, dass nach fast drei Monaten Dauerbombardement die serbischen Truppen fast komplett und bestens ausgerüstet aus dem Gebiet abzogen: 47000 Soldaten der jugoslawischen Armee mit 250 Kampfpanzern, 450 Panzerwagen und 800 Artilleriesystemen hatten die Bombardements so gut wie unbeschadet überstanden und gerade einmal eine Handvoll Panzer verloren, und zwar ohne die Unterstützung von Hightech und ohne unterirdische Bunkeranlagen.[10] Einfache Tricks reichten für dieses Kunststück aus, und auch das wiederum, weil die NATO das Risiko für ihre eigenen Truppen auf nahezu Null minimierte. Aus großer Höhe lässt sich eben eine mit Tarnnetzen verdeckte Holzattrappe nicht von einem Panzer unterscheiden.[11] Und selbst Suchköpfe der eine halbe Million Dollar teuren Cruise Missiles konnten mit einfachen Tricks abgelenkt werden.[12] Am Boden hatten die jugoslawischen Truppen letztlich weitgehende Bewegungsfreiheit.

Es ist völlig gleichgültig, was nun tatsächlich das Motiv für die Luftangriffe der NATO war, welches Ziel mit ihnen erreicht werden sollte: Im engeren militärischen Sinne war die Intervention jedenfalls ein Fehlschlag. Die gewaltsame Abrüstung des Gegners, die Kanzler Schröder zum Ziel des Waffeneinsatzes erklärt hatte, hatte nicht stattgefunden. Die Kämpfe und die Vertreibungen im Kosovo konnten ungestört weitergehen. Es war, entgegen der Ankündigung der Bundesregierung, nichts unterbunden und nichts verhindern worden.

Der Luftkrieg verfolgte nur noch das Ziel, den politischen Willen des Gegners zu brechen. Doch der NATO gingen sehr schnell die militärischen Ziele aus. Bombardiert und zerstört wurde daher alles, was man irgendwie in Zusammenhang mit militärischer Infrastruktur bringen konnte – praktisch die gesamte Infrastruktur des Landes: Brücken, Stromleitungen, Kraftwerke, Regierungsgebäude, Eisenbahnlinien und Straßen. Solche Einrichtungen sind für das Führen eines Kriegs zwar wichtig. Sehr viel wichtiger aber sind sie für das Funktionieren einer Industriegesellschaft. In diesem Fall war es so, dass ausgerechnet diejenigen, denen vorgeblich diese Luftangriffe galten und die getroffen werden sollten, also die serbischen Truppen im Kosovo, durch die Zerstörungen am wenigsten beeinträchtigt wurden. Da sie sich längst in ihrem Einsatzgebiet aufhielten, brauchten sie weder Brücken noch Straßen. Sie waren auch nicht auf umfangreichen Nachschub an Personal, Wasser und Treibstoff angewiesen, eine der größten Herausforderungen bei militärischen Einsätzen, da sie sich kaum bewegten und sich im Kosovo selbst versorgen konnten. Militärisch gesehen waren die Angriffe der NATO, auch wenn sie auf Militäranlagen außerhalb des Kosovo gerichtet waren, sinnlos. Sie trugen in keiner Weise dazu bei, den Gegner militärisch zu schwächen. Aber darum ging es ja auch nicht. Der Plan der NATO, so es überhaupt noch einen solchen gab, war es, die Führung in Belgrad zum Einlenken zu bewegen. Sie sollte zermürbt, ihr politischer Wille gebrochen und womöglich die Bevölkerung zum Aufruhr bewegt werden. Es gab nur die Option des Alles oder Nichts: Die serbische Führung sollte ihren Widerstand aufgeben und NATO-Bodentruppen ins Land lassen. Oder es würde planlos weiter gebombt.

Während der Wochen des Bombardements unternahm die NATO keinerlei Versuche, das Kosovo zu betreten. Bodentruppen wurden nicht in das Kriegsgebiet geschickt, denn dabei hätten ja womöglich eigene Leute verletzt oder gar getötet werden können. So altruistisch die Begründung für den Kriegseintritt der NATO – und insbesondere der Bundeswehr – auch war: Tote eigene Soldaten wollte man der Bevölkerung zuhause lieber doch nicht zumuten. Die USA hatten bei ihrer humanitären Intervention in Somalia gerade erst ein veritables Desaster erlebt. So kurz nach dem schmachvollen Abzug aus Mogadischu wollte die US-Regierung nicht schon wieder leichtfertig Bodentruppen in ein Land schicken, dies freilich auch nicht kategorisch ausschließen.

Noch deutlicher war die Ablehnung bei der deutschen politischen Führung. Außenminister Fischer rief zwar dazu auf, im Kosovo ein neues Auschwitz zu verhindern; ein für die eigenen Truppen gefährlicher Einmarsch war dann aber doch nicht akzeptabel. Die Grünen erhoben die Ablehnung der Entsendung von Bodentruppen bei ihrem Parteitag gar mit großem Pathos zur nicht zu überschreitenden Schwelle.[13] Offenbar war es moralisch unbedenklicher, aus sicherer Entfernung Bomben abzuwerfen, auch wenn die Trefferquote aus großer Höhe geringer ist. Dabei hätte es doch im Sinne der Kriegsunterstützer sein müssen, durch Bodentruppen vor Ort weitere Verbrechen zu verhindern. Wäre statt der Luftwaffe das Heer eingesetzt worden, hätte es natürlich auch Tote gegeben, unter Soldaten und Zivilisten, unter Serben und Albanern. Aber die Opferzahl wäre vermutlich gering gewesen. Auch die Zerstörung der Infrastruktur wäre mutmaßlich weniger schwer ausgefallen. Doch dann hätte es mit hoher Wahrscheinlichkeit Tote unter den Soldaten der Interventionstruppe gegeben. Und das sollte auf keinen Fall passieren.

So bestand auch der konkrete militärische Auftrag der eingesetzten Bundeswehrsoldaten darin, das Risiko für die anderen NATO-Piloten zu minimieren. Die im italienischen Piacenza stationierten Tornado-Jets der Luftwaffe sollten den Bombern der Alliierten voranfliegen und die Luftabwehrstellungen des Gegners am Boden ausschalten. Zwischen dem 24. März und dem 10. Juni 1999 flogen die Bundeswehr-Tornados dazu insgesamt 500 Einsätze und feuerten dabei 200 Luft-Boden-Raketen vom Typ »HARM« ab, die speziell zur Zerstörung von Radar-Anlagen entwickelt wurden.[14] Die deutschen Tornados sollten also dafür sorgen, dass die herannahenden Maschinen der NATO nicht von Luftabwehrstellungen am Boden beschossen werden konnten. Es galt, Tote unter den Streitkräften der Verbündeten zu vermeiden: Die Mission der Bundeswehr bestand im Eigenschutz. Damit mögen sie erfolgreich gewesen sein. Darüberhinaus aber ist die Bundeswehr am gesetzten Ziel gescheitert.

Die Illusion vom kurzen zweitägigen Drohkrieg zerplatzte bekanntermaßen. Verhindert wurde nichts. Je offensichtlicher das Scheitern, desto höher freilich die Ansprüche. Im Bundestag wurde einmal mehr moralisch aufgerüstet. Kanzler Schröder formulierte jetzt – die Bombardements dauerten noch an – das Ziel eines »multiethnischen und demokratischen Kosovo, in dem alle Menschen in Frieden und Sicherheit leben können.«[15] Und Fischer forderte »eine robuste internationale Friedenstruppe mit einem klaren Auftrag, um diese Menschen in einem friedlichen, multiethnischen Kosovo tatsächlich zu schützen.«[16]

Diese internationale Schutztruppe wurde bekanntlich eingesetzt und steht nun schon ein volles Jahrzehnt lang im Kosovo.

Ein Ende ist nicht absehbar. Die Bundeswehr stellte Anfang 2009 mit 2100 Soldaten immer noch einen erheblichen Teil der etwa 15 000 Soldaten umfassenden Truppe. Der wöchentliche vertrauliche Bericht an die Abgeordneten des Bundestags beschreibt die Bedrohungslage als niedrig, insbesondere in dem von der Bundeswehr übernommenen Sektor im Süden des Kosovo. Der Süden, das ist vor allem die Stadt Prizren. Dort bringt das Programm zur Herstellung einer multiethnischen Gesellschaft zunächst einmal ganz profane Dinge mit sich: das Einfliegen von Mineralwasser aus Italien, die Zertifizierung einer örtlichen Bäckerei als geeigneter Lieferant nach EU-Norm, den Betrieb von mit Diesel betriebenen Stromgeneratoren, die Kontrolle des Trinkwassers im eigenen lebensmittelchemischen Labor – oder auch den Aufbau eines kleinen, aber feinen Krankenhauses. Die Bundeswehr hält sich vorwiegend in ihrem Hauptlager wie in einer autarken Kleinstadt auf, die durch mehrere Sicherheitszäune geschützt ist. Ein Großteil der personellen Ressourcen geht dabei in den Eigenschutz – sogar in einer relativ harmlosen Umgebung wie dem Kosovo. Zum erweiterten Selbstschutz gehört im Kosovo – wie auch in Afghanistan – die sogenannte zivil-militärische Zusammenarbeit, kurz auch CIMIC genannt. Wehrpolitiker in Berlin präsentieren das Ganze gern als Entwicklungshilfe, die Soldaten vor Ort sind da ehrlicher und lassen erkennen, man wolle sich bei der örtlichen Bevölkerung beliebt machen. Für die Bundeswehr sind die Hilfsprojekte schlicht Teil der psychologischen Kriegführung und gelten vor allem dem Eigenschutz.

Wenn aber der Erfolg eines Einsatzes am erfolgreichen Eigenschutz gemessen wird, dann ist die ursprüngliche Zielsetzung offensichtlich in Vergessenheit geraten. Auch für den Kosovo-Einsatz nach dem Bombenkrieg gibt es wieder eine deutliche Diskrepanz zwischen angemeldetem moralischen Anspruch einerseits und eingegangenen Risiken andererseits. Was für das kleine Gebiet gilt, in dem die Bundeswehr zuständig ist, gilt auch für das Kosovo als ganzes. Mitunter kommt es zwar zu gewalttätigen Demonstrationen, aber kaum zu offenen Kämpfen. In der Sprache des Bundesverteidigungsministeriums: Die Lage ist überwiegend stabil.

Die NATO hat sich im Kosovokrieg mit den Warlords der UCK verbündet und sich ihnen als Luftwaffe zur Verfügung gestellt. Das war, wie auch später in Afghanistan, militärisch plausibel. Und es ist logisch, dass mafiöse Strukturen nach der Beendigung offener Kampfhandlungen nicht einfach verschwinden. Das Kosovo ist dabei kein Ausnahmefall. Kriegführen ist teuer, jede Guerillaarmee braucht deshalb ihre Finanzierungswege. Und die sind fast überall dieselben. Die Verbindung von Drogen-, Waffen- und Frauenhandel mit dem bewaffneten Kampf gehört zur Ökonomie des Kriegs.[17] Und zumindest eines haben die beiden Haupteinsatzgebiete der Bundeswehr, das Kosovo und Afghanistan, gemeinsam: Sie sind Schlüsselländer für den Drogennachschub nach Mitteleuropa.[18] Afghanistan steht am Anfang der Kette, über das Kosovo läuft der regionale Vertrieb.

Die KFOR-Truppen und die Übergangsverwaltung der UN stehen vor einem unvermeidbaren Dilemma. Sie müssen hohen moralischen Ansprüchen gerecht werden – diese sind deshalb so hoch, weil die intervenierenden Staaten bereits sehr viel riskiert haben und ihren Einsatz immer wieder moralisch begründen müssen. Auf der anderen Seite sollen aber auch vorzeigbare Erfolge her, und zwar möglichst schnell. Dabei soll das Risiko für die entsandten Truppen gering gehalten werden. Das aber bedeutet, dass man sich keine Feinde vor Ort machen will. Im Fall des Kosovo bedeutet dies, dass die bestehenden Strukturen der organisierten Kriminalität nicht angetastet werden. Wenn ehemalige UCK-Führer und leitende Figuren des organisierten Verbrechens an die Macht gelangen, kann das für den vordergründigen Erfolg der Mission sogar von Vorteil sein.[19] Sie sorgen nämlich für Ruhe im Land.

Gemessen an den hochgestochenen moralischen Parolen, die vor dem Luftkrieg ausgegeben wurden, ist das Ergebnis höchst ernüchternd. Im südlichen Teil des Kosovo mag es ruhig sein. Ein Zeichen für das Gelingen einer friedlichen multiethnischen Gesellschaft ist das nicht. Spannungen und gewaltsame Auseinandersetzungen, welche die Bundeswehr verhindern soll, kann es schon deshalb kaum noch geben, weil die serbische Minderheit die Gegend längst verlassen hat. In einem der wenigen Fälle, in denen es dennoch zu einer Eskalation kam, konnten weder die Bundeswehr noch die anderen internationalen Truppen ihren Auftrag erfüllen. Im März 2004 war die KFOR nicht in der Lage, gewalttätige Ausschreitungen gegen die serbische Minderheit zu verhindern, bei denen im ganzen Kosovo 19 Menschen getötet und 950 verletzt wurden.[20] Als im Zuge dieser Unruhen einige Kosovo-Albaner zu einem von der Bundeswehr bewachten serbischen Kloster am Rande von Prizren zogen, standen die Soldaten vor der Wahl, Schusswaffen einzusetzen oder gar nichts zu tun. Sie schossen nicht, die Mönche wurden in Sicherheit gebracht. Die Menschenmenge konnte weiter ziehen und steckte das serbische Kloster in Brand.[21] Es war der beste Beleg dafür, dass Militär hier fehl am Platze ist. Eine mit Großdemonstrationen erfahrene Polizeieinheit wäre wohl mit dem Aufmarsch von 500 gewaltbereiten Menschen fertig geworden. Doch statt den Einsatz des Militärs an dieser Stelle in Frage zu stellen, wurde die Bundeswehr fortan mit polizeilichen Mitteln ausgerüstet. So ganz traut sie ihren polizeilichen Fähigkeiten freilich selbst nicht. Werden Unruhen im Kosovo befürchtet, postiert die Bundeswehr, ganz in militärischer Manier, deutsche Scharfschützen in den Bergen.[22]

Bei der Unterstützung des Aufbaus eines demokratischen und prosperierenden Gemeinwesens ist die Bundeswehr erst recht an ihre Grenzen gestoßen. Ihre vordergründig positive Bilanz basiert nicht zuletzt darauf, dass sie darauf achtet, sich bei den einflussreichen Kräften vor Ort möglichst nicht unbeliebt zu machen. Für den Eigenschutz ist das wichtig. Aber kann man das wirklich als Erfolg verbuchen?

Wer vom Flughafen Pristina zum deutschen Camp in Prizren fährt, kommt an etwa 50 frisch gebauten Tankstellen und nahezu ebenso vielen Hotels vorbei. Autos, die an diesen Tankstellen tanken, sucht man allerdings meist vergeblich. Als Geldwaschanlagen für Gelder aus dem Drogen- und Menschenhandel sind die Tankstellen dagegen gut zu gebrauchen. Zum dauerhaften Aufbau des Landes tragen sie eher wenig bei.[23] »Die Hauptbedrohungen für die Sicherheit«, so heißt es in einer vom Militärgeschichtlichen Forschungsamt der Bundeswehr produzierten Informationsschrift, »bilden heute Menschen- und Drogenhandel, Prostitution, illegale Bautätigkeit und Schmuggel, Erpressung sowie Waffenhandel«.[24] Die Bundeswehr ist natürlich nicht in der Lage, die Korruption und das organisierte Verbrechen einzudämmen, das heißt jene Faktoren auszuschalten, die einer demokratischen und wirtschaftlich erfolgreichen Entwicklung des Kosovo im Weg stehen. An dieser essentiellen Aufgabe wird die Bundeswehr scheitern.

Auch für das Kosovo insgesamt wurde das vor und während der Bombardements ausgegebene Ziel klar verfehlt. Gebildet hat sich kein multiethnischer Vorzeigestaat, sondern ein ethnisch definierter Nationalstaat, den die meisten Mitglieder der serbischen Minderheit offenbar nicht als den ihren betrachten – ein Staat zudem, dessen politische Strukturen, mit denen europäischer Demokratien bislang wenig gemein haben dürfte. Spätestens mit der Trennung der internationalen Verwaltung in ein von der EU-Mission Eulex verwaltetes, überwiegend albanisch bewohntes Gebiet und ein kleines, von der UN-Mission UNMIK beaufsichtigtes, überwiegend serbisches Gebiet wurde der Misserfolg deutlich. Das Kosovo ist de facto ein geteiltes Land. Gemessen an den zu Beginn des Luftkriegs und vor Beginn der KFOR-Stationierung deklarierten Absichten ist das Scheitern offensichtlich.[25]

Und dabei verdankt sich dieser Nicht-Erfolg im Kosovo opti-
malen Bedingungen. Bei keiner anderen Intervention – nicht in
Afghanistan und nicht einmal im Irak – ist die Dichte der Interventionstruppen so hoch wie im Kosovo. Wollte man in Afghanistan in etwa so viele ausländische Soldaten pro Einwohner stationieren wie im Kosovo, müsste man die ISAF auf mehr als
200 000 Soldaten aufstocken. In Afghanistan sind die Bedingungen für die Bundeswehr freilich ungleich schwieriger. Anders als
im Kosovo ist dort nicht einmal das bescheidenste aller denkbaren Ziele, die Herstellung relativer Stabilität, in Sichtweite.

Es lohnt ein Blick auf das erste Aghanistan-Mandat, beschlossen im Dezember 2001. Der Einsatz »hat das Ziel«, so heißt es in
dem damals vom Parlament abgesegneten Antrag der Bundesregierung, »die vorläufigen Staatsorgane Afghanistans bei der Aufrechterhaltung der Sicherheit in Kabul und seiner Umgebung so
zu unterstützen, dass sowohl die vorläufige afghanische Regierung als auch Personal der Vereinten Nationen in einem sicheren Umfeld arbeiten können.«[26] Auch die entsprechende Resolution des UN-Sicherheitsrates, die natürlich zuvor mit Einwilligung
der künftigen Truppensteller formuliert worden war, geht nicht
darüber hinaus. Der UN-Sicherheitsrat, heißt es dort, »autori-
siert« die internationale Truppe, der afghanischen Interimsre-
gierung bei der »Aufrechterhaltung der Sicherheit« in Kabul zu
»assistieren«.[27]

Die Mission war so eng begrenzt, dass diese militärische Intervention eigentlich gar nicht scheitern konnte. Selbst wenn die
durch die US-Regierung gerade aufgerüsteten Warlords ihre
Herrschaftsgebiete absichern, mit Opiumanbau ihre Privatarmeen
finanzieren, ihre Gefangenen foltern oder töten – die Bundeswehr und die anderen europäischen Truppen würden damit
nichts zu tun haben. Schließlich war man nur zum »Assistieren«
in einem sehr begrenzten Bereich zuständig. Die 1 200 Bundeswehrsoldaten sollten die Hauptstadt nicht verlassen, und schließ-

lich hatte selbst die Sowjetarmee während ihrer zehnjährigen Besatzungszeit Kabul stets unter ihrer Kontrolle. Auch zeitlich war der Auftrag begrenzt. Das Wort »Rückverlegung« tauchte im ersten ISAF-Mandat des Bundestags explizit auf, und der Einsatz war ausdrücklich auf sechs Monate begrenzt.

Doch mit Zurückhaltung und Begrenztheit sollte es bald vorbei sein. Ein halbes Jahr nach dem Eintreffen der ersten Bundeswehrsoldaten in Kabul stand schon die erste Verlängerung des Mandats an. Bei der Mandatserneuerung im Dezember 2002 beschloss der Bundestag dann zum ersten Mal eine Aufstockung der Truppen.[28] Diese Ausweitung war noch mit dem zeitweise übernommenen Kommando der ISAF begründet worden. Doch nicht einmal ein Jahr später begann das, was die US-Amerikaner seit ihrem Einsatz in Somalia als »*mission creep*« bezeichnen – die schleichende Umdefinierung des ursprünglichen Einsatzziels. Jetzt sollten deutsche Streitkräfte nicht mehr nur in der Hauptstadt Kabul, sondern auch in der Provinz präsent sein. Hatte zuvor noch die Parole gegolten, dass die durch die ISAF beruhigte Lage in Kabul irgendwie auf den Rest des Landes ausstrahlen würde, sollten nun Inseln der Stabilität in der Provinz geschaffen werden. Tatsächlich übernahm die Bundeswehr Ende Dezember 2003 von den US-Streitkräften einen Stützpunkt in Kundus. Die hatten inzwischen den Irak angegriffen und konnten Entlastung dringend gebrauchen.

Aber diese Ausweitung des Bundeswehreinsatzes passte auch zu dem hohen moralischen Anspruch, der mit dem Afghanistan-Mandat verbunden war. Wenn es tatsächlich richtig und wichtig war, in Afghanistan auch mit Hilfe der Bundeswehr eine bessere Welt zu schaffen, dann konnte dieser schöne Traum nicht an den Grenzen der Hauptstadt enden. Die Basis in Kundus hieß natürlich nicht Stützpunkt oder Militärlager, sondern Provincial Reconstruction Team oder PRT. Das klingt nach Entwicklungshilfeprojekt. 450 Bundeswehrsoldaten standen nun außerhalb der

Stadtgrenzen des relativ ruhigen Kabul. Die Debatte im Vorfeld der Verlegung nach Kundus war geradezu ein Exempel für kurzsichtiges und verlogenes Handeln. Sogenannte Erkundungsteams wurden losgeschickt, ohne dass zuvor die Kriterien für das Ziel der Erkundungen festgelegt worden waren. Sollte nun ein Ort gefunden werden, wo der Einsatz aus Sicht der Bundesregierung dringend notwendig war, weil dort Warlords die demokratische Entwicklung behindern? Oder bestand die Vorgabe, im Gegenteil, darin, ein möglichst ungefährliches Terrain auszumachen? Dann aber wäre der Einsatz offenkundig unnötig, jedenfalls keineswegs dringend geboten. Die angelegten vagen Maßstäbe konnten jederzeit den politischen Vorgaben angepasst werden. Ob die wahren Motive in der Verbesserung der Beziehungen zu den USA lagen oder ganz woanders, ist dabei zweitrangig. Erschreckend war vor allem das Fehlen jedweder Exit-Strategie. Gab es bislang eine einigermaßen klare Aufgabenbeschreibung, war nun der Anspruch so hoch, dass kein Ende abzusehen war. Es war der entscheidende Schritt hin zu einer entgrenzten Mission.[29]

Einmal entgrenzt, ging es nun immer so weiter. Schon ein gutes halbes Jahr später, im Juli 2004, folgte die nächste Ausweitung des Bundeswehreinsatzes mit einem weiteren PRT in Faisabad, ebenfalls im Norden Afghanistans. Im Sommer 2005 beschloss die NATO – das Bündnis hatte 2003 die Führung der ISAF zur Entlastung der mit dem Irakkrieg beschäftigten USA übernommen[30] –, den Einsatz der ISAF in mehreren Stufen auf ganz Afghanistan auszudehnen. Dies bedeutete vor allem, dass ein Großteil der bislang im Rahmen der Operation Enduring Freedom eingesetzten US-amerikanischen und britischen Soldaten unter dem Dach der ISAF operieren würde. Die Bundesregierung hat das NATO-Konzept für ganz Afghanistan abgesegnet, unterstützt also auch die Kriegführung im Süden – von der sich die politischen Funktionsträger in Berlin so gerne distanzieren. Auch bei der Frage danach, was die Bundeswehr denn nun eigentlich in Afghanistan darf oder nicht darf, gibt man sich vorzugsweise zweideutig.[31]

Als Folge des NATO-Beschlusses zur ISAF-Ausweitung wurde das Kontingent der Bundeswehr in Afghanistan im September 2005 erneut aufgestockt und das Einsatzgebiet vergrößert. Der Bundestag beschloss, die Zahl der maximal einzusetzenden Soldaten von 2 250 auf 3 000 Soldaten zu erhöhen und der Bundeswehr die Erlaubnis zu erteilen, wenn es für nötig gehalten wird, auch die Verbündeten im Süden Afghanistans zu unterstützen. Bald darauf wurde in Masar-i-Scharif ein neuer Stützpunkt für die Bundeswehr in Nordafghanistan eröffnet. Ab Juni 2006 übernahm die Bundeswehr von hier aus die Leitung für den gesamten Norden Afghanistans – im NATO-Sprech »Regional Command North«. Seit April 2007 sind in Afghanistan deutsche Tornados für die Lageaufklärung im Einsatz. Seit Juli 2008 befindet sich die sogenannte Quick Reaction Force (QRF), eine schnelle Eingreiftruppe für Kampfeinsätze, im Norden Afghanistans. Die vorerst letzte Aufstockung erfolgte im Oktober 2008. Fortan dürfen unter dem ISAF-Mandat bis zu 4 500 Angehörige der Bundeswehr eingesetzt werden.

Eng umrissen, wie im Dezember 2001, ist der Auftrag der Bundeswehr in Afghanistan schon lange nicht mehr. Auf dem Papier heißt dieser Auftrag weiterhin »Unterstützung der Regierung von Afghanistan bei der Aufrechterhaltung der Sicherheit«.[32] Doch statt nur in Kabul ist die Bundeswehr nun an mehreren Standorten im Norden Afghanistan präsent. Statt zum Schutz des Personals von Regierung und internationalen Organisationen hat die Bundeswehr jetzt den Auftrag, ein weit gestrecktes und schwer zugängliches Gebiet unter ihre Kontrolle zu bringen. Sie beteiligt sich an Einsätzen in ganz Afghanistan. Aus einer kleinen Einheit für den Raum Kabul, für die der Begriff »Internationale Sicherheitsunterstützungstruppe für Afghanistan«, wie die ISAF im Regierungsdeutsch genannt wird, noch angemessen schien,

ist längst eine Krieg führende Truppe geworden. Ein deutliche-
res Beispiel für die stetige Ausweitung eines Einsatzes, für die permanente Veränderung der Zielsetzung – für *mission creep* also –
kann es kaum geben.

Verbunden ist dies mit der Unbestimmtheit, was die Dauer
des Einsatzes angeht. Als die Regierung im August 2006 in einer
parlamentarischen Anfrage nach ihrer Strategie für den Fall einer Verschlechterung der Situation in Afghanistan gefragt wurde,
gab es nur die Auskunft, auf »hypothetische Fragen« könne
»keine sachgerechte Antwort erfolgen.« Im Übrigen gehe die
Bundesregierung davon aus, »dass der ISAF-Einsatz erfolgreich
beendet werden wird«. Damals war die Bundeswehr ein Jahr-
fünft in Afghanistan. Weitere zwei Jahre später haben sich keine
Erfolge eingestellt. Geändert hat sich nur eines: Die Frage nach
einer Zuspitzung der Lage in Afghanistan ist schon lange nicht
mehr hypothetisch. Aber an konkreten Ergebnissen will sich die
Bundesregierung nicht messen lassen. Nicht einmal die Kriterien dafür, was denn den Erfolg bzw. den Misserfolg der Mission
ausmachen könnte, ist die Bundesregierung bereit zu benennen.
Gefragt nach den Konsequenzen des starken Anstiegs von Anschlägen für die Bilanz des ISAF-Einsatzes, verweist sie im Bundestag darauf, dass aus ihrer Sicht der Einsatz »weniger an der
Anzahl der Sicherheitsvorfälle« gemessen werden solle. Es gehe,
so die wörtliche Antwort der Bundesregierung auf eine parlamentarische Anfrage, um die »Schaffung oder Aufrechterhaltung eines Klimas der Sicherheit.« Wenn messbare Ergebnisse
nicht vorzuweisen sind, dann muss halt die gefühlte Sicherheit
herhalten.

Wenn von Sicherheit die Rede ist, dann ist damit ohnehin die
der eigenen Truppe gemeint, nicht die der Afghanen.[33] Im Vordergrund steht immer stärker der Eigenschutz. Doch wenn am
Ende die politische Schlussfolgerung lautet, dass der ISAF-Einsatz
erfolgreich ist, weil der Eigenschutz einigermaßen funktioniert,

dann ist irgendetwas falsch gelaufen. Denn dann ist der Zweck
des Einsatzes nur noch der Schutz des Einsatzes. Eigenschutz
wird zum Selbstzweck.

Daher ist wohl auch ein Plan für den Rückzug überflüssig. So
etwas werde nicht nach einem »zeitlichen Fahrplan« entschieden, sondern »nach messbaren Fortschritten bei der Entwicklung
Afghanistans«, hieß es im August 2006. Das klingt gut. Aber was
ist, wenn die Fortschritte nicht gemessen werden? Bedeutete das,
dass der Einsatz wegen Erfolglosigkeit beendet wird? Das wäre
logisch. Oder bedeutete es das genaue Gegenteil, dass der Einsatz
verstärkt wird, weil eben keine »messbaren Fortschritte« erzielt
worden sind? Die Bundesregierung lässt dies alles offen. Die personelle Aufstockung im September 2008 muss deshalb nicht die
letzte gewesen sein. Und auch nicht die letzte geographische
Ausdehnung des Einsatzgebiets. Eine Grenze hat die Bundesregierung nie und nirgends festgelegt. Und auch wenn die Mandate für die deutsche Beteiligung an den ISAF-Truppen immer
nur für ein Jahr erteilt werden, so macht die Bundesregierung an
anderer Stelle unmissverständlich deutlich, dass ein Abzug noch
Jahrzehnte dauern kann. Und wieder macht sie sich ganz von anderen abhängig. Die afghanische Regierung müsse dazu »über
ausreichend effektive Sicherheits- und Justizorgane verfügen,
um sich selbst gegen die verbleibenden Gefahren des Terrorismus
und der organisierten Kriminalität zur Wehr setzen zu können.«
Die »wesentliche Voraussetzung für den Abzug der internationalen Truppen« sei der erfolgreiche Aufbau der afghanischen
Streitkräfte. Sobald jene in der Lage seien, »für die notwendige
Sicherheit zu sorgen«, könnten die internationalen Truppen zunächst reduziert, dann ganz abgezogen werden.[34] Weniger ge-
wunden ausgedrückt bedeutet dies, dass die Perspektive für eine
friedliche Entwicklung in Afghanistan, aus Sicht der Bundesregierung, in einer massiven Aufrüstung des Landes liegt. Aber
braucht Afghanistan, das seit Jahrzehnten im Bürgerkrieg lebt,

tatsächlich Entwicklungshilfe in Sachen bewaffneter Gewaltaus-
übung aus Deutschland, einem Land, das seit vielen Jahrzehnten
glücklicherweise im Frieden lebt? Es ist einigermaßen absurd,
dass die Zukunft Afghanistans davon abhängig sein soll, dass
deutsche Soldaten ausgerechnet Afghanen den korrekten Umgang mit Waffen beibringen.[35]

Nehmen wir einmal an, die Lösung der Probleme Afghanistans
liege im Aufbau einer Armee. Dann stellen sich Fragen, bei denen
auch die beste Ausbildung nicht hilft. Etwa die nach der Bezah-
lung. Wenn ein im Drogenhandel verankerter Warlord das Mehr-
fache dessen an Tagessold verteilt, was die offizielle Armee zahlt,
kann man sich unschwer ausrechnen, dass das Angebot des einen Arbeitgebers sehr viel attraktiver für junge Männer ist als
das des anderen. Auch stellt sich die Frage, ob die Armee der Ka-
buler Regierung tatsächlich aus allen ethnischen Gruppen des
Landes rekrutiert wird. Gelingt das nicht, wird sie auf Dauer nur
das sein, was die Gruppen der Nordallianz schon lange und die
NATO-Truppen seit ein paar Jahren sind: Partei in einem innerafghanischen Krieg.

Angesichts des schönfärberischen Blicks auf Afghanistan und
der offensichtlichen Planlosigkeit der Bundesregierung lohnt ein
Blick in andere Informationsquellen. Da kommt ein Bericht etwa
zu dem Schluss, es sei wahrscheinlich, dass die Taliban ihre Präsenz auch auf den Westen und den Norden des Landes ausweiten
würden. »Die Taliban haben sich nach ihrem Sturz in Afghanistan regruppiert und in eine hartnäckige Aufstandsbewegung
verwandelt«, so die Evaluation. Sie seien nun in der Lage, die
Macht der afghanischen Regierung in einigen ländlichen Regionen in Frage zu stellen. Schon 6500 Menschen seien durch Anschläge ums Leben gekommen. Der militärische Druck auf die
Taliban habe dazu geführt, dass nun verstärkt Polizeikräfte und
Zivilisten ins Visier genommen würden. Wenn es um die Aussichten für die Zukunft geht, zeichnen die Autoren ein noch düs-

tereres Bild. Ausmaß und Tempo der Anschläge würden die Taliban »wahrscheinlich erhalten oder sogar ausbauen können.«

Die Analyse stammt nicht etwa von einer am Sinn des Militär-
einsatzes in Afghanistan zweifelnden Entwicklungshilfeorgani-
sation. Sie stammt auch nicht von irgendeinem schwarzmalenden
Journalisten oder einem nörgelnden deutschen Konfliktforscher.
Die nüchterne Bilanz findet sich in einem Dokument des Pentagon. Mitte 2008, mehr als sechs Jahre nach dem Einmarsch der
ersten US- und NATO-Streitkräfte in Afghanistan, legte das US-
Verteidigungsministerium dem Kongress diese desaströse Bilanz vor.[36] Und nicht nur bei der Gesamteinschätzung der Lage in
Afghanistan klingt das Dokument wie eine Abrechnung mit dem
ganzen Einsatz. Noch schlimmer wird es, wenn es um konkrete
Probleme geht. Auch im Jahr 2007 sei die Opiumproduktion er-
heblich gestiegen, heißt es etwa. Sie bedrohe die Grundlagen der
afghanischen Gesellschaft und der afghanischen Regierung. Der
Opiumhandel stelle eine erhebliche Einnahmequelle für die
Guerillakräfte dar. Insbesondere im Norden und Westen des Landes, also auch im Stationierungsgebiet der Bundeswehr, ist die
Stabilität nach Einschätzung der Pentagon-Planer durch Warlords,
Kriminelle und Drogenschmuggler gefährdet. Und auch die
Menschenrechtsbilanz, so muss selbst das in diesen Dingen wenig anspruchsvolle US-Militär feststellen, müsse in Afghanistan
als »dürftig« beschrieben werden. Nicht nur die von Taliban ge-
führten Aufständischen begingen Menschenrechtsverletzungen,
sondern ebenso die offiziellen afghanischen Militär- und Polizeikräfte. Ein noch negativeres Bild zeichnete im Februar 2008 der
Koordinator für die US-Geheimdienste, Michael McConnell. Der
»Taliban-dominierte Aufstand« habe sich »trotz der operativen
Störungen, die ihnen die ISAF und OEF zufügten« ausgeweitet.[37]
Als die Senatoren im Anschluss genauer nachfragten, schockierte
der Koordinator die Runde mit der Feststellung, dass gerade einmal dreißig Prozent der Fläche Afghanistans von der Zentralre-

gierung kontrolliert würden. Zehn Prozent hätten die Taliban unter Kontrolle, der Rest sei in der Hand diverser lokaler Machthaber.[38]

Alternativ kann man auch zu einem UN-Dokument greifen. Trotz »taktischer Erfolge durch nationale und internationale Militärkräfte«, heißt es in dem Bericht des UN-Generalsekretärs vom März 2008, seien die »Anti-Regierungskräfte längst nicht besiegt«. Die meisten Bezirke im Osten, Südosten und Süden »bleiben weitgehend unerreichbar für afghanische Offizielle und Hilfskräfte.«[39] Das Niveau der Aktivität der Aufständischen und Terroristen im Jahr 2007 »stieg dramatisch an«.

Auch das Internationale Rote Kreuz sieht eine dramatische Verschlechterung der Lage in Afghanistan. Überall im Land sei die menschliche Not »bedeutend angewachsen«, heißt es in einem Statement von Anfang 2008. Als Ergebnis der sich »ausbreitenden Feindseligkeiten« zwischen »sowohl afghanischen als auch internationalen« Kräften einerseits und der »bewaffneten Opposition« andererseits sei zu beobachten, dass »eine wachsende Anzahl von Menschen vertrieben« werde. Nicht nur im Süden, sondern auch in »weiten Teilen im Osten und Westen« gebe es nun bewaffnete Auseinandersetzungen. Insgesamt, so die Organisation, seien »etwa zwei Drittel des Landes« betroffen.[40]

Wie auch immer man den Erfolg im Einzelnen misst, weder das Pentagon noch die US-Geheimdienste, noch der UN-Generalsekretär, noch das Rote Kreuz teilen die unbedarfte Haltung der deutschen Befürworter des Afghanistan-Einsatzes. Die Bundesregierung und mit ihr die sie unterstützenden Abgeordneten, Wissenschaftler und Journalisten stecken in der Falle. Der Einsatz war von Beginn an mit starken moralischen Argumenten belastet worden. Das machte die Begründung zunächst einfacher – mit dem Verweis auf Bündnisverpflichtungen allein lässt sich kaum um Unterstützung für einen riskanten Auslandseinsatz werben. Doch Moral lässt sich geographisch schwer begrenzen. Wenn der Schutz der Regierungsorgane in Kabul tatsächlich so wichtig war für das Wohlergehen Afghanistans, dann war abzusehen, dass irgendwann die Frage auftauchen würde, was denn der Einsatz in Kabul solle, wenn der Rest des Landes überhaupt nicht von der Zentralregierung erreicht, geschweige denn kontrolliert werden kann.

Der Widerspruch zeigt sich im Detail. In Afghanistan dürfen die deutschen Soldaten seit Juni 2006 nicht mehr ihre gepanzerten Wagen verlassen.[41] Man will nach Möglichkeit neue Meldungen über Tote und Verletzte vermeiden. Man will sich nicht den Vorwurf anhören müssen, dass Soldaten, die man ans andere Ende der Welt schickt, doch wenigsten gut ausgerüstet sein sollten. Auch hier gilt wieder: Geht man ein zu großes Risiko ein, schwindet die Unterstützung zuhause. Vermeidet man aber jedes Risiko, kann der ambitionierte Auftrag nur schlecht oder gar nicht ausgeführt werden. Aus gepanzerten Fahrzeugen heraus kann kein Vertrauen entstehen, kann nicht einmal Kontakt zur Bevölkerung und zu den lokalen Machthabern hergestellt werden. Und dabei gehören schon diejenigen, die mit ihren gepanzerten Fahrzeugen durch die Berge fahren, zu einer Minderheit. Der größte Teil der unter ISAF-Mandat eingesetzten Soldaten verlässt in den vier Monaten seiner Stationierung in Afghanistan kein einziges Mal das befestigte Lager oder seine unmittelbare Umgebung. Die Vor-Ort-Erfahrung beschränkt sich zumeist auf den Blick durch den Stacheldraht. Präzise Daten über den Anteil der tatsächlich im Land aktiven und nicht zur Eigenversorgung oder Eigensicherung tätigen Soldaten veröffentlicht die Bundesregierung nicht. Selbst vorsichtigen Schätzungen zufolge dürfte der Anteil der tatsächlich für Einsätze außerhalb der Lager bereitstehenden Soldaten aber weit weniger als die Hälfte der vor Ort eingesetzten Soldaten ausmachen. Auf Patroullien fernab der Lager ist nur ein ganz kleiner Teil unterwegs.

Und diese wenigen sind auf ihren Fahrten über hunderte Kilometer auf miserable Straßen angewiesen.[42] Schon für die Fahrt

von Masar-i-Sharif in das 260 Kilometer entfernte Camp in Faisabad veranschlagt die Bundeswehr eine Fahrtzeit von zwölf Stunden.[43] Insgesamt umfasst das Einsatzgebiet der Bundeswehr im
Norden Afghanistans eine Fläche, die fast halb so groß ist wie
Deutschland. Und dort sollen die wenigen tatsächlich außerhalb
der Feldlager eingesetzen Soldaten, die Afghanistan zudem aufgrund der kurzen Stationierungszeiten von vier Monaten in der
Regel nur aus Schulungen in deutschen Kasernen kennen, aus
gepanzerten Fahrzeugen heraus das Land unter Kontrolle bringen – eine absurde Vorstellung.

Diese Soldaten sind aber womöglich immer noch besser informiert als die zuständigen Wehrpolitiker. Für die Einsätze nämlich lässt die Bundeswehr durch ihr »Militärgeschichtliches Forschungsamt« eine eigene Buchreihe produzieren – eine Art
Reiseführer für den Auslandseinsatz. In dem Band zu Afghanistan
heißt es mit beachtlicher Deutlichkeit etwa über die in Deutschland so oft als Erfolg gefeierten Präsidentschafts- und Parlamentswahlen, diese »könnten kaum als fair und frei bezeichnet werden, da Gewaltanwendungen die Regel und Wahlfälschung weit
verbreitet waren.« Der Sturz der Taliban, so heißt es in der Bun-
deswehr-Publikation weiter, habe »nicht das Ende des Afghanistankriegs eingeläutet, sondern nur eine neue Runde der Konflik-
taustragung« bedeutet. Der Süden und Südosten des Landes sei
»zum Schlachtfeld eines neuen Kriegs geworden – diesmal unter
Beteiligung der USA und der NATO.«[44] An anderer Stelle warnen
die von der Bundeswehr beauftragten Militärhistoriker davor,
dass die Entwicklung in Südafghanistan »mittelfristig auch gra-
vierend negative Auswirkungen auf den bislang vergleichsweise
ruhigen deutschen Verantwortungsbereich im Norden des Landes
haben könnte«.[45]

In der Studie eines anderen bundeseigenen Forschungsinsti-
tuts lässt sich ebenfalls nachlesen, wie katastrophal die deutsche
Politik dort an ihren eigenen Ansprüchen gescheitert ist.[46] »Be-

sonders in den Hochburgen in und um Kabul«, stellt eine Studie der Berliner »Stiftung Wissenschaft und Politik« vom Frühjahr 2008 fest, »bildeten die Milizen während der *Loya Jirga* sowie der Präsidenten- und Parlamentswahlen ein erhebliches Drohpotenzial.« In der Konsequenz sei mindestens ein Drittel der Sitze im Abgeordnetenhaus mit Kommandeuren bewaffneter Gruppen besetzt worden. Die materielle Grundlage für die Milizen habe sich nicht verschlechtert, sondern verbessert. Neben den gestiegenen Einnahmen aus dem Opiumanbau gebe es jetzt auch noch die Chance, als Hilfstruppen für die USA und ihre Verbündeten zu agieren. Auch als private Sicherheitsdienste könne man firmieren und so bei den vielen im Lande vertretenen Institutionen der UN, bei Entwicklungshilfeorganisationen oder eben bei den ISAF-Truppen abkassieren.

Ausgerechnet in der verstärkten Unterstützung dieser Warlords soll nun, den US-amerikanischen Planungen zufolge, die große Lösung für Afghanistan liegen. Denn an die von deutschen Wehrpolitikern immer noch proklamierten Zielen, basierend auf der humanitären Begründung des Einsatzes, glauben nicht einmal mehr die US-amerikanischen Militärs. Die hohen Ansprüche können unmöglich erfüllt werden. Zumindest nicht zu einem Preis, den selbst die interventionsfreudigsten Wehrpolitiker in Berlin bereit wären, öffentlich einzufordern. Legendär ist die Aussage des US-amerikanischen Befehlshabers der ISAF, Dan McNeill, im September 2007, um in Afghanistan zu siegen, bräuchte er 400 000 Soldaten.[47] Und McNeill hatte dabei nicht etwa aus einer Laune heraus irgendeine Zahl in den Raum geworfen. Vielmehr folgte er damit nur dem Quotienten, den die Anti-Guerilla-Doktrin nun einmal vorsieht. Man kann darüber streiten, ob Truppen in dieser Stärke die selbstgesetzten hohen Ziele tatsächlich erreichen würden. In Vietnam hat selbst eine gewaltige Armee von mehr als einer halben Million Soldaten den US-Streitkräften keinen Erfolg gebracht. Für eine Interventionsarmee gilt in jedem Fall, dass sie gewinnen will und muss, will sie zuhause nicht die moralische Unterstützung verlieren, während eine Guerillaarmee schon erfolgreich ist, wenn sie nicht verliert. Anders formuliert: »Unsere Panzer können unsere politischen Ziele nicht durchsetzen«, so Gwynne Dyer, »aber ihre Sprengsätze können uns dazu bewegen, wieder nach Hause zu gehen.«[48]

Ob die Zahlen stimmen, ob 400 000 Soldaten einen Unterschied machen würden, wird sich ohnehin nie testen lassen. Es ist völlig klar, dass weder die USA noch die europäischen NATO-Staaten jemals auch nur annähernd so viele Soldaten nach Afghanistan schicken werden. Natürlich besitzen die in der NATO versammelten reichen und gut gerüsteten Staaten das Potenzial für eine gigantische Truppenaufstockung. Aber ein derartiger Aufwand wäre politisch nicht durchsetzbar, schon gar nicht dann, wenn die Stationierung über einen langen Zeitraum gehen müsste. Truppenentsendungen dieser Größenordnung würden selbst in den USA auf Akzeptanzgrenzen stoßen. In Deutschland würde sich erst recht kein Wehrpolitiker trauen, eine Aufstockung der ISAF in dieser Größenordnung zu fordern. Es bleibt mit Egon Bahr einem Kritiker des Afghanistaneinsatzes überlassen, auf die logische Alternative – Abzug oder massive Aufstockung – hinzuweisen.[49]

Wie lange die Intervention der NATO auch noch weitergehen mag, wie viele Aufstockungen auch noch folgen mögen – einen Rückzug wird und muss es irgendwann geben. Auch Teile der Aufständischen, die ja nicht alle den Taliban zuzurechnen sind, sollen den ersten Planungen nach an den Verhandlungstisch geholt werden.[50] Das Ergebnis wird nicht unbedingt erfreulich sein. Es wird verbunden sein mit sehr pragmatischen Zugeständnissen. Von hehren Ambitionen auf eine militärische oder militärisch assistierte Durchsetzung von Demokratie und Menschenrechten wird dann wohl nur noch wenig übrig bleiben. Auch deutsche Militärs sehen lediglich diesen pragmatischen Weg. Ein

hoher Offizier mit Führungserfahrung in Auslandseinsätzen bezeichnete einmal den Austausch der Führungseliten in Afghanistan als den Hauptfehler der Invasion. Im Klartext heißt das: Man
wird sich am Ende doch wieder mit den alten Eliten und Machthabern arrangieren müssen. Bis auf weiteres freilich dürfen
deutsche Wehrpolitiker ihre Illusionen pflegen. Das ändert nichts
daran, dass die beiden großen Einsätze der Bundeswehr im Kosovo und in Afghanistan, gemessen an den von den jeweiligen
Bundesregierungen deklarierten Zielen, gescheitert sind.

Hinter den Kulissen ist selbstverständlich auch in den wehrpolitischen Zirkeln Berlins ein wenig mehr Bescheidenheit ein-
gekehrt. Die Folgen sind spürbar. Als im Frühjahr 2006 die Frage
aufkam, ob sich die Bundeswehr an einer EU-Interventionstruppe
für die Zeit der Präsidentschaftswahlen in der Demokratischen
Republik Kongo beteiligen solle, hatte sich die politische Rhetorik im Vergleich zu jener vor dem Kosovo- und dem Afghanistankrieg in bemerkenswerter Weise abgekühlt. Diesmal, so schien
es, sahen sich vor allem die großen Parteien genötigt, von dem
üblichen altruistischen Argument der humanitären Intervention
ein wenig abzurücken und stärker deutsche Interessen, etwa den
Zugang zu wichtigen Rohstoffen, zu betonen. In vorderster Reihe
stand hier der CDU-Abgeordnete Andreas Schockenhoff, der in
einem Papier an seine Fraktionskollegen die zögernden Konser-
vativen mit einer ausführlichen Auflistung aller im Kongo vorhandenen Rohstoffe – von Coltan über Erdöl bis Wolfram – von
der Notwendigkeit des Bundeswehr-Einsatzes zu überzeugen versuchte.[51] Wie ungewohnt die neue Rhetorik war, zeigte sich in der
Bundestagsdebatte vor der Abstimmung über das Mandat, als
Entwicklungshilfeministerin Heidemarie Wieczorek-Zeul die linke
Opposition bat, doch nicht ständig von Rohstoffen zu sprechen,
es aber tatsächlich der Unionsfraktions-Vize Schockenhoff war,
der die Intervention mit den dort vorhandenen Bodenschätzen
begründet hatte.[52] Interessant war dieser Vorgang nicht, weil es

bei dem Einsatz tatsächlich um die Sicherung von Rohstoffen gegangen wäre, sondern weil die Kongo-Debatte zeigte, dass unter den eifrigen Interventionsbefürwortern offenbar die Befürchtung aufkommt, humanitäre Begründungen allein würden nicht mehr reichen und hätten allmählich ausgedient.[53]

Mitte Mai 2006 beschloss der Bundestag den neuen Auslandseinsatz. Das Parlament erteilte das Mandat für den Einsatz von 780 Soldaten zur Absicherung der Präsidentschaftswahl im Kongo. Doch lediglich ein Bruchteil dieser Soldaten sollte tatsächlich im Land selbst eingesetzt werden. Einige Soldaten sollten in Deutschland in Alarmbereitschaft bleiben. Das größte Kontingent hingegen würde in einem möglichst ruhigen und für die Bundeswehr sicheren Land in der Nachbarschaft des Kongo stationiert werden.[54] Der Einsatz war also auf ein absolutes Minimum beschränkt. Bei möglichen Unruhen im Zusammenhang mit der Präsidentschaftswahl sollte auf keinen Fall eingegriffen werden. Man wollte sich keine Feinde machen. Übrig blieb im Grunde nur ein Wachschutz für den Flughafen von Kinshasa. Die Aufgabe der außerhalb des Kongo wartenden Soldaten bestand darin, im Fall einer gewaltsamen Eskalation in der kongolesischen Hauptstadt den am Flughafen stationierten Soldaten und möglicherweise bedrohten europäischen Diplomaten bewaffneten Geleitschutz zu geben. Hier war der Selbstschutz vollends zum Selbstzweck geworden.[55]

Immerhin gab es für die Wehrpolitiker in Berlin endlich einmal einen Einsatz, der sich als klarer Erfolg verbuchen ließ. Kein jahreslanges Ausharren wie im Kosovo. Keine Aufstockung und Mandatsausweitung im Jahresrhythmus wie in Afghanistan. Hier war der Traum wahr geworden: rasch eine Eingreiftruppe zusammengestellt, rein ins Einsatzgebiet, ein wenig Abschreckung, schnell wieder raus, Auftrag erledigt. Der Einsatz war offenbar so anspruchslos, dass der Kommandeur des Einsatzes zeitweise weder bei der Truppe im Kongo noch beim Einsatzführungskommando in Potsdam zu finden war, sondern bei seiner Lebensgefährtin in Schweden. Von dort aus ließ sich die Operation bequem vom Laptop steuern.[56]

Die politische Führung war so auf die Feier eines sauberen, risikolosen Erfolgs bedacht, dass sie jedes Drängen auf eine Verlängerung des Mandats über den Stichwahltermin hinaus rasch beiseite schob und die Bundeswehr pünktlich nach vier Monaten nach Hause holte. Am Ende hätte ja doch noch etwas passieren können, und die Bundeswehr hätte lediglich beweisen können, wie schnell sie sich selbst evakuieren kann. Den Menschen im Kongo hat der Einsatz bekanntlich nicht geholfen. Die Gewalt ging weiter. Zwei Jahre nach der Intervention eskalierte der Krieg im Kongo. Hunderttausende Flüchtlinge waren auf der Flucht. Und wieder einmal wurden Forderungen nach einem Eingreifen laut. Ausgerechnet der SPD-Politiker Hans-Ulrich Klose, nicht gerade als militärkritischer Kopf bekannt, bremste die Forderungen nach einem neuen Auslandseinsatz aus. Zu Recht argumentierte Klose, dass eine solche Intervention angesichts der Größe des Landes und der dort herrschenden Verhältnisse nur dann sinnvoll wäre, wenn die europäischen Staaten bereit und in der Lage seien, 100 000 Soldaten zu schicken.[57] Mit seinem Einwurf machte der stellvertretende Vorsitzende des Auswärtigen Ausschusses des Bundestags, möglicherweise unfreiwillig, das Missverhältnis zwischen ambitionierten Ansprüchen und realen Fähigkeiten der Bundeswehr deutlich.

Wohl deshalb verhielten sich die meisten deutschen Wehrpolitiker in der Diskussion denn auch auffällig still. So schnell und so billig wie 2006 würde man ein zweitesmal im Kongo nicht davon kommen. Auf dem Papier konnte die Mission von 2006 als Erfolg verbucht werden. Technisch und logistisch war alles großartig gelaufen. Tatsächlich aber ließ der Kongo-Einsatz den Verdacht aufkommen, dass die Bundeswehr nur dann rundum erfolgreich intervenieren kann, wenn der Schwierigkeitsgrad des damit verbundenen Auftrags gegen Null tendiert.

Angesichts solch bescheidener Ergebnisse der größeren deutschen Auslandseinsätze ist die Bereitschaft gering, sich mit den längerfristigen und komplexen Folgen militärischer Interventionen überhaupt zu beschäftigen. Da ist dann die ansonsten so beliebte Rhetorik von der »erweiterten« und »vernetzten Sicherheit« schnell vergessen. Doch der Einsatz militärischer Macht muss nicht nur an den für die Einsätze formulierten Zielen gemessen werden. Bevor der Bundestag Soldaten ins Ausland schickt, sollten auch die außenpolitischen Kollateralschäden geprüft und gewichtet werden.

6. Vernetzte Unsicherheit

Die Passagiere, die hier aus dem Airbus A310 der Bundesluftwaffe steigen, sind auf dem Weg zu ihrem Arbeitsplatz. Propellergetriebene und gegen Beschuss gesicherte Maschinen vom Typ C-160 Transall bringen sie am nächsten Tag weiter zu ihrem Einsatzort für die nächsten Monate. In Afghanistan sollen die Soldaten helfen, einen demokratischen Staat aufzubauen. Das Parlament, das die Soldaten nach Afghanistan schickt, lobt die Fortschritte: freie Wahlen, bessere Gesundheitsversorgung, Bildungszugang auch für Mädchen. Doch der Weg nach Masar-i-Sharif, Kundus und Faisabad ist weit. Wer dorthin will, braucht einen ruhigen Ort für ungefährdete Zwischenstopps.

Das war für die Sowjetarmee nicht anders. Als sie nach der Invasion Afghanistans 1979 zehn Jahre lang versuchte, das Land militärisch unter ihre Kontrolle zu bringen, errichtete sie am äußersten Rand der Sowjetunion einen Luftwaffenstützpunkt. Die drei Kilometer lange Piste ist ausgelegt für Starts und Landungen von Großraumflugzeugen.[1] Ohne die 3 000 Meter sowjetischen Beton könnten die Bundeswehr-Stützpunkte in Nordafghanistan nicht existieren. Ersatzteile, Ausrüstung, Verpflegung – alles muss herangeschafft werden. Und alle vier Monate wird das gesamte Personal ausgetauscht. Per Flugzeug. 4 000 Soldaten zurück nach Deutschland, 4 000 Soldaten rein nach Afghanistan.

Ein Bundeswehrlager, egal ob im Kosovo oder in Afghanistan, ist ein abgeschirmtes Gebilde, unabhängig von lokalen Zulieferern und bestmöglich abgesichert gegenüber der Außenwelt. Es ist ein Kernmerkmal der Streitkräfte hochentwickelter Industrieländer, sich auch bei Auslandseinsätzen mit einer autarken Infrastruktur zu umgeben. Da bildet die Bundeswehr keine Ausnahme. Gerade wenn man vor Ort kein oder ein möglichst geringes Risiko eingehen will, ist die Abhängigkeit von sicheren Transporten und Transportwegen umso größer. Wer möglichst wenig vor Ort erwerben will oder kann, muss zwangsläufig sehr viel auf dem Landweg heranschaffen oder eben per Flugzeug einfliegen. Das aber bedeutet, dass man mit anderen Ländern über Durchreise- und Überflugrechte verhandeln muss. Ohne solche Vereinbarungen kommt die Bundeswehr nicht einmal von Bayern bis ins Kosovo.

Und der Weg nach Afghanistan ist sehr viel weiter und beschwerlicher. Auf der Route liegen entweder eine Reihe arabischer Staaten und Pakistan, was einen Umweg bedeutet. Oder der Weg führt auf der kürzeren Strecke über Russland, Kasachstan und schließlich eine der ehemaligen Sowjetrepubliken Tadschikistan, Turkmenistan oder Usbekistan.[2] Die Transall-Maschinen haben zudem eine geringe Reichweite und müssen auf dem Weg mehrmals zwischenlanden. Die Flotte der Langstreckenflugzeuge der Bundeswehr will man in Afghanistan nicht landen lassen, zu groß ist die Furcht vor Beschuss. Ein beschädigter oder gar abgeschossener Airbus wäre ein denkbar prestigeträchtiger Erfolg für jede bewaffnete Gruppe in Afghanistan. Die Bundeswehr brauchte deshalb einen sicheren Flugplatz außerhalb Afghanistans. Die Wahl fiel auf Usbekistan – in Termes, nahe der afghanischen Grenze, liegt das für den ISAF-Einsatz alles entscheidende Luftdrehkreuz der Bundeswehr.

Sieben Flugstunden von der Heimatbasis der Langstreckenflotte der Luftwaffe am Flughafen Köln/Bonn entfernt, betreiben hier etwa hundert deutsche Soldaten einen der wichtigsten Stützpunkte der Bundeswehr für den ISAF-Einsatz. Sie warten die Maschinen, fertigen die Flüge ab und betreuen die Soldaten. Weiter geht der Flug nach Afghanistan mit besonders geschützten Transall-Maschinen oder mit ebenfalls abgeschirmten Hubschraubern vom Typ CH-53GS. Die Bundesregierung betont, dass Termes kein deutscher Flugplatz ist, und juristisch ist das korrekt. Aber das Bundesverteidigungsministerium hat hier so viel investiert, dass die Bundeswehr mehr ist als nur irgendein Gast. Acht Millionen Euro hat sie an usbekische Auftragnehmer allein für den Ausbau der Infrastruktur gezahlt.[3] Und sie ist einer der größten Nutzer. Im Jahr 2007 landete hier 106-mal ein Luftwaffen-Airbus der Bundeswehr, 47 mal setzte eine Transall-Maschine aus Deutschland auf.[4] Der Betrieb funktioniert reibungslos. Von Unfällen ist nichts bekannt. Es gibt keine Klagen. Die Beziehungen zu den usbekischen Gastgebern sind bestens.

Doch um in Afghanistan für das selbst gesteckte Ziel einer rechtsstaatlichen und demokratischen Gesellschaft kämpfen zu können, muss man sich die Unterstützung einer Regierung sichern, die in Sachen Menschenrechte und Demokratie nicht ganz dieselben Vorstellungen hat wie die Deutschen. Dem Gastgeberland der Bundeswehr werden von Menschenrechtsorganisationen gravierende Verstöße vorgeworfen. Laut Amnesty International ist »auf dem Gebiet der Menschenrechte kein wirklicher Fortschritt zu verzeichnen.«[5] In den letzten Jahren seien die Rechte auf Meinungs- und Versammlungsfreiheit »noch weiter eingeschränkt« worden. Die Organisation Human Rights Watch kritisiert »Verhöre, ständige Überwachung, Ausgrenzung und Drohungen«.[6] Auch vom Anti-Folter-Komitee der Vereinten Nationen wurde Usbekistan wegen Misshandlungen und Folter in seinen Gefängnissen verurteilt.[7] Und selbst das US-Außenministerium prangert in seinem jährlichen Menschenrechtsbericht immer wieder Folter und Misshandlungen an.[8]

Fast alle jüngeren Menschenrechtsverletzungen stehen im Zusammenhang mit dem Massaker des usbekischen Militärs im Mai 2005, bei dem in der Stadt Andischan mehrere hundert Demonstranten erschossen wurden. Die Bundesregierung hinderte das freilich nicht daran, ein knappes Jahr später das Abkommen über Überflugrechte und die Vereinbarungen über die Nutzung des Flugplatzes in Termes zu verlängern. Und sie sagte den Machthabern in Taschkent weitere finanzielle Unterstützung zu. Mit dem usbekischen Verteidigungsministerium wurde erst im März 2006 vereinbart, die Kosten für den Ausbau der Infrastruktur auf dem Flugplatz in Termes zu übernehmen – eine Maßnahme, die bei einem Abzug der Bundeswehr selbstverständlich dem usbekischen Militär zugute kommen wird.

Aber die freundschaftliche Unterstützung geht noch viel weiter. Seit 2002, als sich die Bundeswehr in Termes einrichtete, wurden regelmäßig usbekische Soldaten zur Ausbildung nach Deutschland eingeladen. Vermittelt werden sollte ihnen hier »Demokratie, insbesondere im Bereich Menschenführung«[9] – viel scheint das nicht genutzt zu haben. Aber ein guter Kontakt zu den Gastgebern ist nun einmal wichtig. Deshalb durften auch Verantwortliche für das Massaker von 2005 ungehindert nach Deutschland einreisen. Und deshalb arbeiten auch die deutschen Geheimdienste eng mit ihren Kollegen aus Usbekistan zusammen. Um an Informationen über eventuell geplante Anschläge auf die Bundeswehrbasis in Termes zu kommen, steht der Bundesnachrichtendienst in ständigem Kontakt mit dem usbekischen Geheimdienst.[10] Kooperation zur Terrorabwehr lautet die Begründung. Militärisch gesehen handelt es sich schlicht um Eigenschutz. Denn zu schützen sind ja keine Anlagen oder gar Städte in Deutschland, sondern ein militärischer Stützpunkt der Bundeswehr, der ohne den Einsatz in Afghanistan gar nicht existieren würde. Der reibungslose Betrieb der ISAF hat Vorrang, Einschränkungen bei der Zusammenarbeit mit Menschenrechtsverletzern kann es da nicht geben.

Wenn es darum geht, den reibungslosen Ablauf des Transports von Truppen und Material nach Afghanistan zu gewährleisten, ist diese Haltung nur konsequent. Die Ausführenden vor Ort haben den Job, die eigenen Soldaten unversehrt nach Afghanistan und von dort wieder zurück zu bringen. Genauso wie die Bundeswehr in Afghanistan mit lokalen Warlords zusammenarbeitet, wenn es dem Schutz des eigenen Stützpunktes dient, muss sie auch mit usbekischen Militärs und Geheimdiensten kooperieren, um die Versorgung der ISAF-Mission sicherzustellen.

Die Verantwortung liegt auf der politischen Ebene. Wird in Berlin ein Einsatz mit hohen moralischen Zielen beschlossen, dann muss sich der Einsatz insgesamt auch an diesen von den politischen Akteuren formulierten Zielen messen lassen. Wenn man in Afghanistan hohe moralische Ziele verfolgt, dabei gleichzeitig aber mit einem Staat zusammenarbeiten muss, der seine eigenen Bürger zusammenschießen lässt und sich anschließend jeder Aufarbeitung von Menschenrechtsverletzungen verweigert, dann gibt es ein Problem. Bei dem hohen ethischen Anspruch an den ISAF-Einsatz muss die Frage erlaubt sein, welche Nebenwirkungen der Einsatz ein paar hundert Kilometer weiter nördlich hat. Würde der Bundeswehr-Einsatz mit Machtkalkül, Bündnisverpflichtungen oder Selbstdarstellungswillen begründet, wäre das weniger problematisch. Die Frage nach der Effektivität des Einsatzes hätte dann eine andere Grundlage. Wenn einmal jährlich, bei jeder Verlängerung des ISAF-Mandates, vom Rednerpult des Deutschen Bundestags aus mit großem Pathos Geschichten von Frauen ohne Burkas, freien Wahlen und dem Schutz von Mädchenschulen erzählt werden, um den Einsatz der Bundeswehr zu begründen, dann passt die Nutzung eines Militärflugplatzes auf dem Territorium eines autokratischen und folternden Staates freilich nicht recht ins Bild. Es geht ja nicht nur darum, in dem einen Land etwas für die Menschenrechte zu tun und in dem anderen nicht. Es geht um die direkte Unterstützung eines an offensichtlichen Menschenrechtsverletzungen beteiligten Militärapparats. Die Verhältnisse führen unausweichlich dazu, den erklärten Einsatz für Menschenrechte in einem Land durch die aktive Unterstützung eines autokratischen, die Menschenrechte verletzenden Regime in einem anderen Land zu erkaufen. Im Menschenrechtsbericht des Auswärtigen Amts wird der Widerspruch zwischen Anspruch und Wirklichkeit besonders deutlich. Dort sind zwei Seiten den Verbrechen der usbekischen Regierung gewidmet. Die Pressefreiheit sei »weiter eingeschränkt« und »repressive Maßnahmen« gegen die Medien des Landes »ausgeweitet« worden – alles wird aufgezählt.[11] Gleichzeitig werden aber die Auslandseinsätze der Bundeswehr, einschließlich dem in Afghanistan, unter dem Kapitel »Prävention von Menschenrechtsverletzungen« als Aktivität der Bundesregierung zum Schutz gegen eben solche Verletzungen von Menschenrechten aufgeführt.[12] Wenn eine Regierung aber militärische Interventionen als Element ihrer Menschenrechtspolitik bezeichnet, dann muss sie sich auch bei der Umsetzung solcher Einsätze an diesen hohen Zielen messen lassen. Und an denen scheitert sie sowohl in Afghanistan als auch in Usbekistan.

Doch es wäre naiv, das Verhalten der Bundesregierung gegenüber dem usbekischen Regime zu kritisieren und einen konsequenten Einsatz für Menschenrechte einzufordern, ohne über die unausweichlichen Konsequenzen für den Afghanistan-Einsatz zu sprechen. Es ist ja nicht Nachlässigkeit oder Ignoranz, dass die deutsche Regierung gegenüber Usbekistan auf harte Forderungen für die weitere militärische Zusammenarbeit verzichtet. Die usbekische Regierung hat sogar die US-Streitkräfte zum Verlassen des Landes aufgefordert, als aus Washington zu viel Kritik an der Menschenrechtslage kam. Der Bundeswehr würde es wohl nicht anders ergehen. Die Kooperation mit den usbekischen Machthabern ist eine militärische Notwendigkeit und insofern alternativlos.

Wer militärische Interventionen weit entfernt von den eigenen Grenzen unternimmt, kann bei der Auswahl seiner jeweiligen und zeitweiligen Partner nicht zimperlich sein. Als die US-Regierung 1991 ihre Truppen im Mittleren Osten für den ersten Irakkrieg zusammenzog, brauchte sie Saudi Arabien als Aufmarschgebiet, ein Land, das in bezug auf Menschenrechte und Demokratie denkbar weit von den Vorstellungen der USA entfernt ist. Die wahre Schlagkraft einer Militärmacht bemisst sich deshalb an jenen Mitteln zur *force projection*, zur Machtprojektion, die eine Interventionsarmee weitgehend unabhängig von fremden Mächten und Staaten machen. Das ultimative Sinnbild von Unabhängigkeit sind Flugzeugträger, komplett autarke Städte von je 5000 Einwohnern mit eigenem Kernreaktor. Die Fähigkeit zur Luftbetankung von Flugzeugen ist ein anderes solches Kennzeichen der Machtprojektion. Tatsächlich waren die USA bei ihrem Bombenkrieg gegen reale oder vermutete Stellungen von Taliban und al-Qaida vor der Invasion in Afghanistan Ende 2001 noch nicht zwingend auf externe Unterstützung angewiesen. Die Tomahawk Cruise Missiles, das heißt Marschflugkörper werden ohnehin von Kriegsschiffen und U-Booten aus abgefeuert, aber die meisten Bombenangriffe wurden von Maschinen geflogen, die auf Flugzeugträgern waren. Andere Bomber starteten von weit entlegenen Stützpunkten wie dem britischen Diego Garcia im Indischen Ozean. Es gab auch Angriffe von zentralasiatischen Stützpunkten aus, aber auf diese hätte man im Notfall verzichten können. Spätestens jedoch seit die US-Streitkräfte in großer Menge Bodentruppen in Afghanistan stationiert haben, sind auch sie von der direkten Unterstützung einer fremden Macht, in diesem Falle von Pakistan, abhängig.

Für die Bundeswehr gilt: Ohne den Stützpunkt in Termes wäre der Einsatz in Afghanistan nicht zu organisieren. Verfügte sie über den Stützpunkt in Termes nicht, wäre die Organisation des deutschen Einsatzes in Nordafghanistan nahezu unmöglich, zumindest aber erheblich aufwendiger. Der ganz normale Nachschub besteht nicht nur aus Lebensnotwendigem, sondern aus all dem, was eine nach Zentralasien verlegte deutsche Kaserne benötigt. Es gilt, in ganz Afghanistan eine westliche Standards gewohnte Truppe von der Größe einer mittelgroßen Stadt, mit allem zu versorgen.[13] Ohne regelmäßige Treibstofflieferungen wäre die Bundeswehr sehr schnell unbeweglich. Die Patrouillen könnten nicht fahren, die Tornados blieben am Boden. Der Handlungsspielraum ist also klein und wird vermutlich eher noch kleiner werden. Termes gehört zu den wenigen verlässlichen Stützpunkten für den Nachschub nach Afghanistan, die nicht in Pakistan liegen. Geschätzte siebzig bis fünfundsiebzig Prozent des Nachschubs für die NATO-Truppen in Afghanistan liefen lange über Pakistan, vor allem durch Transportleistungen kommerzieller Unternehmen auf dem Landweg. Angesichts der häufig auftretenden Anschläge in Pakistan auf Depots der US-Streitkräfte und der gefährlichen Straßenverbindungen im Grenzgebiet sind die NATO-Staaten eher bestrebt, die Abhängigkeit von Basen in Pakistan zu vermindern.[14] Gleichzeitig kommen immer mehr NATO-Truppen ins Land. Mit jeder Aufstockung des Kontingents wird die Notwendigkeit zum Erhalt des usbekischen Stützpunktes aber noch zunehmen. Anfang 2009 waren in Afghanistan mehr als 50 000 ausländische Soldaten stationiert. Mit der in den USA diskutierten Truppenerhöhung ist ein Gesamtstand von 80 000 Soldaten absehbar. Wohl auch deshalb schlossen die NATO und die russische Regierung im April 2008 ein Abkommen, das den Transport von Nachschub für die ISAF von Europa über Russland auf dem Landweg erlaubt.[15]

Wenn die Bedeutung der Nachschubwege in der deutschen Debatte ausgeklammert wird, zeigt dies nur, wie wenig man sich der internationalen Dimension des Afghanistan-Einsatzes bewusst ist. Und nicht nur des Einsatzes in Afghanistan, sondern jeder Intervention, die über eine rein symbolische Präsenz hinausgeht. Wenn also das Ziel des Weißbuches der Bundesregierung umgesetzt wird und die Bundeswehr künftig tatsächlich in noch größerem Umfang in noch mehr Teilen der Welt interveniert, stellt sich das Problem der Zusammenarbeit mit Staaten wie Usbekistan immer häufiger. Die Diskrepanz zwischen humanitärem Anspruch einerseits und der Zurückstellung ebendieser Ansprüche bei der praktischen Durchführung wird zwangsläufig größer. Entweder nimmt man diesen Wiederspruch in Kauf – dann ist die humanitäre Begründung unglaubwürdig. Oder aber man sieht sich bei der Auswahl von Interventionzielen zunehmend eingeschränkt.

Die faktisch unausweichliche Zusammenarbeit mit autokratischen und menschenrechtsverachtenden Regimes ist eine, wenn auch unerwünschte, Nebenwirkung von Auslandseinsätzen. Doch auch darüber hinaus muss eine Interventionsmacht politische Abstriche machen. Wenn Auslandseinsätze als notwendiges Mittel der Politik betrachtet werden, dann wird sich früher oder später, trotz aller gegenteiligen Behauptungen, auch eine restriktive Rüstungsexportpolitik erledigt haben.

Zum einen braucht, wer weltweit intervenieren will, dafür die nötigen Waffensysteme für die *force projection*. Wenn aufgrund der Neuausrichtung der Bundeswehr in Rüstungsgüter investiert wird, bedeutet dies nahezu zwangsläufig, dass auch der Rüstungsexport zunimmt. Zwangsläufig deshalb, weil nur durch eine hohe Stückzahl in der Produktion die Kosten auf politisch gerade noch durchsetzbarem Niveau gehalten werden können. Die hohen Kosten für Forschung und Entwicklung bestimmen den Preis. Und selbst bei Kooperationsprojekten mehrerer europäischer Länder sind die Stückzahlen eher gering. Mit jedem exportierten Rüstungsobjekt sinkt folglich der Beschaffungspreis für die eigenen Truppen. Würde nicht exportiert, müssten deutsche Wehrpolitiker gegenüber einer ohnehin militärskeptischen Öffentlichkeit noch höhere Militärausgaben vertreten. Der Rüstungsexport ist da die bequemere, weil kostengünstigere Alternative.

Zum anderen wird, durch den Fokus auf Auslandseinsätze, auch die Grundannahme einer restriktiven Exportpolitik in Frage gestellt. Diese besagt ja, dass Aufrüstung Krisen verschärft. Doch nicht mehr Rüstungsbegrenzung ist jetzt das Ziel, sondern die Aufrüstung und Ausbildung liebsamer Verbündeter. Auslandseinsätze können daher zu vermehrten Rüstungsexporten ganz anderer Art führen. Nimmt man das Beispiel Afghanistan, dann soll ausgerechnet der Aufbau der Streitkräfte, also die Aufrüstung des Lands, der Weg sein, um den Einsatz zu beenden. Erst wenn das Land über eine ausreichend starke Armee verfügt, so die Linie der Bundesregierung, darf über einen Abzug der Bundeswehr nachgedacht werden. Wenn man aber am Ziel des Aufbaus einer großen und schlagkräftigen afghanischen Armee festhält, dann bedeutet dies Waffenexport nicht nur in ein Krisengebiet, sondern in einen virulenten Krieg. Die exportierten Waffen sind dazu da, unmittelbar eingesetzt zu werden. Selbst bei denkbar großzügiger Auslegung widerspricht jeder Rüstungsexport nach Afghanistan damit den offiziellen Grundsätzen der Bundesregierung und selbst den laxeren Empfehlungen des 1998 beschlossenen EU-Kodex, wonach bei Exportgenehmigungen Spannungen und Menschenrechtsverletzungen im Empfängerland berücksichtigt werden sollen.[16]

Verfolgt man das Ziel, eine afghanische Armee aufzubauen, muss man sich zwangläufig von rigiden Exportbeschränkungen verabschieden. Das Gleiche gilt für Rüstungslieferungen an Streitkräfte, die in Afghanistan gemeinsam mit der afghanischen Armee gegen die *Opposing Military Forces* agieren. Auch sie führen in Afghanistan Krieg. Durch Lieferungen an verbündete ISAF-Streitkräfte in Afghanistan belaufen sich die Rüstungsexporte in das Land schon jetzt auf ein Volumen von geschätzten 180 Millionen Euro. Afghanistan liegt damit in der Liste der als Entwicklungsländer geführten Käufer deutscher Waffen unangefochten an der Spitze.[17] Das ist konsequent. Ziel ist ja der Aufbau einer

starken Macht für den innerafghanischen Krieg. »Deutschland
ist viel engagierter in der weltweiten Friedenserhaltung als früher«, erklärte Christian Ruck, entwicklungspolitischer Sprecher
der Unionsfraktion im Bundestag, so auch den Anstieg der deutschen Rüstungsexporte. Ziel von Entwicklungspolitik sei zwar,
dass die Welt mit weniger Waffen auskomme. »Doch müssen wir
fragilen Staaten auch helfen«, so Ruck im Dezember 2008, »ihre
eigene Sicherheit aufzubauen, indem wir deren Armeen und Po-
lizei mit ausrüsten – etwa in Afghanistan.«[18]

Der Paradigmenwechsel in der deutschen Rüstungsexportpolitik hat längst stattgefunden. Seit die Bundeswehr in Afghanistan steht, werden Waffenexporte zur friedensfördernden Maßnahme erklärt. Die Aufrüstung Afghanistans ist inzwischen zum
letzten Rettungsanker der deutschen Wehrpolitiker geworden. So
wurde auch die Aufstockung des deutschen ISAF-Kontingents
von 3500 auf 4500 Soldaten im Herbst 2008 nicht zuletzt mit
der Entsendung weiterer Ausbilder für den Aufbau einer afghanischen Armee begründet. Auf der als »Afghanistan-Konzept« an-
gepriesenen Regierungsbroschüre, welche die schönen Absichten
der Bundeswehr in Afghanistan erläutert, prangt, noch über dem
offenbar unvermeidlichen Soldat-mit-Kind-Bild, das Foto fröhlich
dreinblickender afghanischer Uniformträger. Die Aufmachung
ist Programm.[19] Wer möchte, dass die Bundeswehr und die anderen NATO-Truppen irgendwann einmal das Land verlassen, der
muss die afghanischen Regierungstruppen anständig aufrüsten,
damit sie den Krieg allein weiter führen können. Die Einhaltung
der Menschenrechte und Bedenken gegen Rüstungsexporte sind
nur noch zweitrangig. Je mehr über vernetzte Sicherheit geredet
wird, desto weniger gefragt ist vernetztes Denken.

Gäbe es ein solches Denken, wäre ein weiterer Widerspruch in
der dürftigen Debatte über Auslandseinsätze der Bundeswehr zumindest präsent. Auch im Weißbuch und in anderen offiziellen
Papieren zu künftigen militärischen Interventionen deutscher

Streitkräfte wird der alles entscheidende Faktor bei der Frage, ob irgendwo auf der Welt eine Intervention überhaupt erwogen werden kann, völlig ignoriert: die Atombombe. Es gibt sie bekanntlich seit mehr als sechzig Jahren, aber wenn es um das Problem von Auslandseinsätzen geht, kommt sie nicht vor. Da tut man so, als gebe es die vornukleare Ordnung noch, als im Prinzip jeder Staat militärisch besiegbar war. Diese Ignoranz ist umso erstaunlicher, als die Gefahr der atomaren Proliferation, also der Beschaffung von Atomwaffen durch immer mehr Staaten, sowohl im Weißbuch also auch in den NATO- und EU-Strategiepapieren als eine der größten Gefahren bezeichnet wird. Die Verhinderung der Proliferation wird sogar, ähnlich wie es die USA im Vorfeld des Irakkriegs 2003 vorgemacht haben, als mögliche Begründung einer militärischen Intervention angeführt.

Die Folgen der Verbreitung von Atomwaffen für jegliche Interventionspolitik werden nicht benannt. Die Konsequenzen wären freilich auch zu unbequem. Denn ob aus hehren Motiven des Menschenrechtsschutzes und der Demokratieverbreitung oder aus weniger edlen Gründen interveniert wird: Bei mit Atomwaffen gerüsteten Kontrahenten stößt jede Interventionsarmee an ihre Grenzen. Das Risiko eines Einsatzes gegnerischer Atomwaffen gegen die eigene Bevölkerung, gegen eine große Ansammlung eigener Truppen oder gegen eine Stadt oder einen Stützpunkt eines verbündeten Staates wäre immer gegeben. Keine Bundeskanzlerin, kein Regierungschef würde wohl das Risiko eingehen, aufgrund eines Auslandseinsatzes einen gegnerischen Atomwaffeneinsatz auszulösen. Dazu bedarf es gar keiner absoluten Gewissheit über das Atomwaffenarsenal der anderen Seite. Selbst die geringste Vermutung, dass der Gegner bereits im Besitz einer solcher Waffe sein könnte, wäre Grund genug, um die politische Entscheidung für eine Intervention zu revidieren.

In Washington sorgte die Vorstellung, die USA könnten durch Atomwaffen von einer militärischen Intervention abgehalten

werden, schon Anfang der neunziger Jahre für Aufregung. Die
US-Planer waren zwar noch in Siegerlaune angesichts des aus ihrer Perspektive so erfolgreichen Kriegs um Kuwait. Doch in einer
Studiengruppe des einflussreichen »Council on Foreign Relations«
spielte eine Gruppe von Militärplanern und Wehrpolitikern ein
beunruhigendes Szenario durch.[20] Was wäre passiert, wie hätte
der US-Präsident entschieden, wenn die US-Geheimdienste kurz
vor Beginn der US-Intervention zu dem Schluss gekommen wären, der Irak sei im Besitz von Atomwaffen? Die versammelten
Militärs und Politikberater waren sich einig: Die Operation »Desert Storm« wäre wohl ganz schnell abgeblasen worden. Die Vorstellung, dass auch nur eine Atombombe auf ein US-Militärlager
am Golf fallen könnte, war schlicht inakzeptabel. Noch schlimmer. Es brauchte, so ein Fazit der US-Strategen, nicht einmal er-
wiesen zu sein, dass der Gegner über Atomwaffen verfügt. Allein
die bloße Möglichkeit hätte schon hinreichend abschreckend ge-
wirkt. Die USA, so die für viele der Beteiligten etwas erschütternde
Erkenntnis, würden ihrer Interventionsfähigkeit zwar nicht beraubt, die Zahl der Staaten, in denen sie eingreifen könnte, wäre
jedoch erheblich eingeschränkt.

Ganz neu war diese Erkenntnis auch 1991 nicht. Die Konstella-
tion des Kalten Kriegs war ja gerade charakterisiert durch die
Einsicht, dass ein Krieg gegen Atomwaffenbesitzer nicht führbar
und schon gar nicht zu gewinnen war. Doch die zur Zeit des Ost-
West-Konflikts existierenden offiziellen Atomwaffenstaaten waren ohnehin die großen Militärmächte. Erst nach 1989 wurde
daher deutlich, dass schon der Besitz einer einzigen Atomwaffe
jede externe Macht von einer Intervention abzuhalten vermag.
Auch eine Allianz aller großen Militärmächte der Erde kann das
Risiko eines Atomwaffeneinsatzes nicht ausgleichen. »Die Macht,
die der Besitz von Atomwaffen verleiht«, darauf wies der einst
aus Deutschland geflohene US-Politologe John H. Herz schon in
den fünfziger Jahren des letzten Jahrhunderts hin, »ist so groß,

dass die Zusammenführung einer überwältigenden Macht dagegen unmöglich ist. »Atomare Macht«, so der Vordenker der internationalen Politiktheorie, »ist per se ›überwältigend‹«.[21]

Atomwaffen verhindern nicht nur eine Intervention gegen einen Staat, der sie besitzt. Umgekehrt kann die Furcht vor einer Intervention überhaupt erst zur Herstellung von Atomwaffen motivieren. Da die Entscheidungsprozesse über die Beschaffung von Atomwaffen vielschichtig sind, vor allem aber selten öffentlich ausgetragen werden, ist die Suche nach den genauen Motiven äußerst schwierig. Doch es gibt zumindest Indizien dafür, dass die Regierungen sowohl des Iran als auch Nordkoreas nach dem US-Einmarsch im Irak ihre Anstrengungen gesteigert haben, sich in den Besitz von Atomwaffen zu bringen.[22] Beide hatte Präsident Bush im Januar 2003 gemeinsam mit dem später überfallenen Irak in die »Achse des Bösen« eingereiht. Mit Nordkorea hat sich nicht zufällig ein Land ein atomares Potenzial beschafft, das allen Ansprüchen zur Begründung einer humanitären Intervention gerecht werden dürfte. Hier zeigt sich deutlich, wie wenig militärische Interventionsdrohungen ausrichten können.

Die pozentiellen Zielländer von US-Interventionen setzen darauf, dass sie die Schwelle zum Atomwaffenbesitz erreichen, bevor die US-Regierung sich zu einem Angriff entschließt. Denn zunächst laufen sie Gefahr, aufgrund ihres Atomprogramms zum Ziel von US-Luftangriffen zu werden. Sind sie aber erst einmal im Besitz einer Atomwaffe, haben sie eine gute Chance, externe Militärmächte von einer Intervention abzuhalten. Die These, dass die Furcht vor US-Interventionen zur Beschaffung von Atomwaffen motivieren könnte, ist zumindest in Washington völlig unumstritten. »Schurkenstaaten,« so heißt es in der von George W. Bush 2002 verkündeten Nationalen Sicherheitsstrategie, »betrachten diese Waffen als ihr bestes Mittel, die konventionelle Überlegenheit der Vereinigten Staaten zu überwinden.«[23]

Selbst wenn es sonst keine Einschränkungen für gut gerüstete

Militärmächte gäbe, würde die atomare Rüstung des Gegners die Bedingungen in jedem Fall verändern. Dies gilt auch dann, wenn die intervenierende Militärmacht, wie im Fall der USA, selbst über Atomwaffen verfügt. Angesichts dieser Einschränkung ihrer Interventionsfähigkeit soll das eigene Militär darauf eingestellt werden, auch gegen solche Gegner vorgehen zu können, die atomare Waffen einzusetzen in der Lage sind. Das schließt diverse Schutzmaßnahmen ein, vor allem Abwehrsysteme gegen Kurzstreckenraketen und schließlich auch Angriffe auf die Produktionsanlagen der Waffen oder die Waffen selbst. Die NATO spricht weniger offen darüber und vermeidet den amerikanischen Begriff der *counterproliferation*. Der Anspruch, die eigenen Interventionstruppen gegen den Einsatz von Atomwaffen schützen zu können, ist im Bündnis aber Konsens. Und doch weiß jeder Militärplaner, dass diese Programme zwar zur Aufrechterhatung der eigenen Illusionen von der weltweiten Eingreiffähigkeit taugen mögen, einen Schutz gegen Atomwaffen aber nicht bieten können. Im Zweifelsfall würde keine Regierung sich auf die Effektivität solcher Abwehrmaßnahmen verlassen.

In Deutschland wird das Problem weitgehend ignoriert. Dabei ergibt sich langfristig daraus ein weiteres Hindernis für eine Politik der militärischen Interventionen. Die Bereitschaft der Öffentlichkeit, die Bundeswehr in einem Krieg zu unterstützen, bei dem auch nur das kleinste Risiko eines Atomwaffeneinsatzes durch den Gegner besteht, dürfte äußerst gering sein. Dies bedeutet zum einen, dass die gewaltsame Durchsetzung von Menschenrechten und Demokratie nicht für diejenigen Flecken der Welt gilt, die zufällig von Atomwaffenwaffenbesitzern regiert werden. Zum anderen bedeutet dies, dass die Politik der Interventionen eine Entwicklung befördert, die niemand wollen kann. Denn bereits die Androhung einer Intervention bildet einen mächtigen Schub zur Herstellung oder Beschaffung von Atomwaffen.

Für die aktuellen Einsätze der Bundeswehr ist das irrelevant, für künftige Missionen nicht. Selbstverständlich hat nicht jede Regierung, die eine militärische Intervention eines NATO-Staates befürchtet, die industrielle Kapazität zum Bau einer Atombombe. Der Kreis der potenziellen Waffenbesitzer ist eingegrenzt, aber ganz so klein ist die Runde der möglichen Kandidaten auch nicht mehr. Der Bau von Atomwaffen beruht längst nicht mehr auf Geheimwissen. Die Ingenieursleistung zur Herstellung des Bombenstoffs, von hoch angereichertem Uran oder Plutonium, ist zwar enorm. Trotzdem ist es auch relativ kleinen Staaten gelungen, eigenständig Atomwaffen zu entwickeln: Weder Nordkorea noch Pakistan gehören bekanntlich zu den wohlhabenden Industrienationen, dennoch waren beide in der Lage, die Bombe herzustellen. Zudem kann man nicht ausschließen, dass die Atombombe künftig auch auf andere Weise verbreitet wird – durch die Weitergabe von kompletten Waffen oder, und dies ist wahrscheinlicher, von Waffenkomponenten und spaltbarem Material an staatliche oder nicht-staatliche Akteure.

Wie langsam oder schnell diese Entwicklung auch immer fortschreiten wird, welche neuen Varianten der Proliferation es geben wird, der Zusammenhang zwischen konventioneller Überlegenheit, Machtprojektion und Interventionsdrohungen einerseits und Anreizen zur Beschaffung von Atomwaffen andererseits wird immer deutlicher. Mit einer Interventionspolitik trägt man tendenziell dazu bei, den Anreiz zum Besitz von Atomwaffen zu vergrößern. Damit arbeitet man einer Politik der Verhinderung von atomarer Proliferation genau entgegen, d.h. einem erklärten Ziel sowohl deutscher als auch gemeinsamer europäischer Außenpolitik.

Letztlich sind es so gerade Interventionsdrohungen, die dazu beitragen, die Voraussetzungen für Interventionen zu unterminieren. Ein Widerspruch ist dies nur dann nicht, wenn man sich der Auffassung der US-Strategie anschließt, die darauf setzt, im

Zweifelsfall gegen Staaten schon dann militärisch vorzugehen, wenn nur vermutet wird, dass sie den Besitz von Atomwaffen anstreben. Die Begründung des Irakkriegs war dafür ebenso beispielhaft wie die Drohungen gegen den Iran. Will eine Interventionsmacht sich in ihrer Handlungsfreiheit nicht einschränken lassen, ist dieser Schritt nicht irrational, sondern konsequent. Wenn man, aus welchen Gründen auch immer, tatsächlich den Anspruch hat, in möglichst jedem Land der Welt intervenieren zu können, dann muss man in letzter Konsequenz auch bereit sein, vorzeitig zu intervenieren, um die Mittel zur Verhinderung einer Intervention zu beseitigen. Die Interventionspolitik wird so zum Korrekturmittel ihrer eigenen Widersprüche. Sie schafft sich ihre eigenen Begründungen und wird zum Selbstzweck. Denn am Ende muss schon deshalb militärisch interveniert werden, weil die militärische Interventionsfähigkeit erhalten werden soll.

Wenn militärische Interventionen sich selbst rechtfertigen, wenn zur Durchführung von Auslandseinsätzen die Unterstützung autoritärer Staaten benötigt wird, wenn die Erfolge von Interventionen kaum messbar sind – dann ist politisch etwas falsch gelaufen. Bevor »vernetzte Sicherheit« propagiert wird, sollte mit vernetztem Denken begonnen werden. Wenn es bislang keine Gründe gab für eine offene Debatte über die Bundeswehr im Ausland, dann gibt es sie jetzt.

7. Umkehr der Beweislast

»Die Bundeswehr ist eine Armee im Einsatz.« So steht es im aktuellen Weißbuch der Bundesregierung, so lässt es das Verteidigungsministerium in bunten Broschüren wissen, so hört man es bei jeder Gelegenheit aus dem Munde deutscher Wehrpolitiker. Versteht man diesen Satz ganz unbedarft als Beschreibung des Istzustands, dann ist er unumstritten. Tatsächlich, die Bundeswehr beteiligt sich an acht Missionen auf drei Kontinenten und zwei Weltmeeren.[1] Es gibt kaum noch eine Sitzungswoche im Bundestag, in der keine Verlängerung irgendeines der vielen Einsätze auf der Tagesordnung steht. Zwei davon stechen zu Recht besonders heraus. Der Einsatz im Kosovo dauert nun schon rund ein Jahrzehnt, auch der Einsatz in Afghanistan währt – der Vergleich sei erlaubt – bereits länger als der Zweite Weltkrieg. Wer heute in Deutschland ins Erwachsenenalter eintritt, kennt nur eine Bundeswehr, die in fernen Ländern unterwegs ist. Deutsche Soldaten in Afghanistan sind so selbstverständlich wie deutsche Touristen auf Mallorca.

Insofern war die Strategie erfolgreich, wie sie der damalige Verteidigungsminister Volker Rühe 1993, zur Zeit des ersten bewaffneten Einsatzes deutscher Truppen in Somalia, vorgegeben hatte. Die Deutschen sollten sich an die Bundeswehr im Ausland gewöhnen. Geschafft haben dies vor allem die politischen Widersacher Rühes in den damaligen Oppositionsparteien. Ausgerechnet SPD und Grüne, Anfang der neunziger Jahre der Beteiligung deutscher Streitkräfte im Ausland noch äußerst abgeneigt, initi-

ierten in ihrer Regierungszeit die umfangreichsten deutschen
Einsätze. Fast alle diese Missionen wurden von den im Bundestag vertretenen Parteien mit Ausnahme der Linken grundsätzlich unterstützt. In nur wenigen anderen Fragen gab es im Parlament – nicht unbedingt in der Bevölkerung – einen derart breiten
Konsens. Die Formel von der Bundeswehr als »Armee im Einsatz«
ist längst nicht mehr deskriptiv gemeint, sondern Programm.

»Schritt für Schritt« wollte Verteidigungsminister Rühe die
Deutschen, zunächst mit Hilfe relativ harmloser Blauhelmmissi-
onen, an eine schließlich Krieg führende Bundeswehr gewöhnen.[2] Mit anderen Worten: Eine grundsätzliche öffentliche Debatte über das Pro und Contra von Bundeswehreinsätzen im
Ausland sollte nicht stattfinden. In diesem Sinne war die ›Operation Salamitaktik‹, die eine ganz große Koalition von Wehrpolitikern über anderthalb Jahrzehnte betrieben hat, äußerst erfolgreich. Gewiss hätten sich Förderer einer neuen Bundeswehr mehr
Unterstützung erhofft und erwartet, aber die geräuschlose Gewöhnung ist ihnen gelungen. Inzwischen ist dieser Prozess schon
in eine zweite Phase übergegangen. Mit der stetigen Ausweitung
des ISAF-Einsatzes in Afghanistan beteiligt sich die Bundeswehr
an einem dauerhaften Krieg, dessen Ende nicht absehbar ist. Vor
allem aber befindet sich die Bundeswehr erstmals in einer Situation, in der das Leben ihrer eigenen Soldaten nicht nur durch Unfälle mit schwerem Militärfahrzeugen und Fluggeräten, sondern
auch durch militärische Gegner gefährdet wird.

Es hätte durchaus sein können, dass der in den letzten Jahren
deutliche Anstieg bei der Anzahl von Verletzten und Toten unter
den Bundeswehrsoldaten in Afghanistan den öffentlichen Druck
auf die Bundeswehr erhöht hätte. Doch das ist nicht passiert. Die
Unterstützung für den Afghanistan-Einsatz ist zwar, je nach Art
der Umfragen, bescheiden bis kaum vorhanden, doch von einem
öffentlichen Aufschrei angesichts der zunehmenden Anschläge
auf deutsche Truppen kann keine Rede sein.

Interpretieren lässt sich das auf ganz unterschiedliche Weise. Entweder ist die Bevölkerung mehrheitlich so überzeugt von der Notwendigkeit der Einsätze, dass sie auch Schwerverletzte und Tote für einen akzeptablen Preis hält – das ist zwar wenig wahrscheinlich, aber wohl die stillschweigende Annahme unter den politischen Akteuren Berlins. Oder die ausbleibende öffentliche Empörung ist ein weiterer Beleg dafür, dass die Bundeswehr dem Großteil der Bevölkerung, im Negativen wie im Positiven, schlichtweg gleichgültig ist. Nicht einmal Schwerverletzte und Tote, so die zynisch anmutende, aber womöglich plausible Erklärung, können die Öffentlichkeit in Deutschland zu einer Auseinandersetzung mit der Bundeswehr provozieren. Wie auch immer: Im Ergebnis ist die stillschweigende Hinnahme der Kriegsbeteiligung in Afghanistan ein weiterer Erfolg für die Politik der Gewöhnung an Auslandseinsätze der Bundeswehr.

Eine Erfolgsgeschichte also – allerdings nur dann, wenn nicht nach der Effektivität der Einsätze selbst gefragt wird. Sonst fällt die Bilanz selbst bei bescheidensten Erfolgskriterien äußerst mager aus. Gemessen an ihren eigenen Ansprüchen – das sollten die vorherigen Kapitel zeigen – ist die Bundeswehr im Ausland schon jetzt gescheitert.

Bei dem ersten Kampfeinsatz der Bundeswehr im Kosovokrieg war es das erklärte Ziel der Bundesregierung, die ethnischen Säuberungen zu beenden und die kosovarische Bevölkerung gegen gewaltsame Übergriffe zu schützen. Das ist nicht gelungen. Selbst hinsichtlich der angestrebten Sekundärziele war dieser erste Kriegseinsatz der Bundeswehr ein Misserfolg. Weder wurden die serbischen Truppen ernsthaft und nachhaltig getroffen noch wurde der für die Menschenrechtsverletzungen im Kosovo mitverantwortliche militärische Apparat von Rest-Jugoslawien wirklich geschwächt. Auch in der folgenden Phase des Einsatzes hat die Bundeswehr die ihr übertragenen Ziele nicht erreichen können. Mit der Beteiligung an der KFOR-Truppe sollte die Zukunft eines multiethnischen Kosovo garantiert, der Aufbau eines friedlichen und einheitlichen Kosovo ermöglicht werden. Das Ergebnis ist einmal mehr ernüchternd. In dem von der Bundeswehr überwachten Gebiet im Süden des Kosovo gibt es kaum noch Angehörige ethnischer Minderheiten zu schützen, weil zumindest die Serben diesen Teil des Kosovo längst verlassen haben. Noch deutlicher wird das Scheitern mit Blick auf den KFOR-Einsatz insgesamt. Die Bundeswehr und ihre Verbündeten konnten nicht verhindern, dass viele Serben und Roma vertrieben wurden und das Kosovo bis heute faktisch zweigeteilt ist. Das Ziel eines demokratischen Kosovo, in dem die verschiedenen Ethnien und Kulturen friedlich koexistieren, wurde verfehlt. In dieser Hinsicht war der Einsatz also erst recht ein Misserfolg. Der Bundeswehr selbst ist dieses Scheitern freilich nicht anzulasten. Das Problem sind vielmehr die ambitionierten und unrealistischen Ziele, deren Umsetzung die politischen Entscheider der Bundeswehr auftragen. Es mag ja ein schöner Traum sein, erst die Beachtung von Menschenrechten herbeizubomben und dann mit massiver Militärpräsenz eine demokratische, multiethnische Gesellschaft zu erzwingen. Gut gemeint war dies womöglich, aber es war auch ziemlich naiv. Jedenfalls hat es nicht funktioniert.

Der zweite große Einsatz der Bundeswehr, die ISAF-Mission in Afghanistan, ist von anderer Qualität. Er begann mit dem einigermaßen bescheidenen Auftrag, Gebäude und Personal der Vereinten Nationen und internationaler Hilfsorganisationen in Kabul zu schützen. Auch sollte der neuen afghanischen Regierung physischer Schutz gewährt werden. Auf dem Papier, also laut Mandat des Bundestags, sollte die Bundeswehr nicht viel mehr sein als ein gut ausgestatteter Objektschutz für die etwas in Unordnung geratene Hauptstadt eines vom Krieg zerstörten Landes. Daran konnte sie eigentlich nicht scheitern.[3] Es kam bekanntlich anders. Die Bundeswehr blieb in Afghanistan, aus sechs Monaten wurden zwölf – und bald wurde die jährliche Verlängerung des Einsatzes zur Routine. Von Kabul ist sie in die Provinz gezogen, hat sich in Masar-i-Scharif einen großen Flugplatz hergerichtet, fährt zwischen ihren Außenposten in Kundus und Faisabad auf holprigen Straßen Patrouille – und gerät regelmäßig unter Feindbeschuss. Formell hat sich am Auftrag der Bundeswehr nichts geändert. Das Mandat zur Unterstützung der afghanischen Regierung wurde uminterpretiert. Statt Objektschutz in der Hauptstadt zu gewährleisten, lautete der Auftrag jetzt, der afghanischen Regierung die Kontrolle über das ganze Land zu erkämpfen. In der Praxis bedeutet der Einsatz allerdings wieder etwas ganz anderes. Die Bundeswehr schützt vor allem sich, trainiert, wie man selbst gebaute Sprengkörper erkennt, und ist froh, wenn eine Handvoll Soldaten es heil von einem Lager zum andern schafft.[4] Im Jahr 2007 soll es in Kundus über Monate gar keine Fernpatrouillen gegeben haben. Mit anderen Worten: Die Soldaten inspizierten nur die nächste Umgebung des eigenen Lagers.[5] Nach größeren Anschlägen, so heißt es in einem Bericht des Wehrbeauftragten, bleibt man auch schon einmal für längere Zeit ganz im geschützten Lager. Dann lautet der Befehl für das gesamte Kontingent nur noch: Eigenschutz.[6]

In Berlin träumt man derweil weiter davon, mit Hilfe der Bundeswehr ein demokratisches und zentral regiertes Afghanistan aufzubauen. Die deutschen Wehrpolitiker reden sich Afghanistan schön und berichten nach ihren offiziellen Besuchen in Begleitung schwer bewaffneter Personenschützer vor allem von freundlich winkenden Menschen in afghanischen Dörfern. Letzeres mag die Gemüter von Politikern erfreuen, an der Gesamtlage ändert es nichts. Je dramatischer die Lage am Hindukusch wird, desto skurriler wirken die unrealistischen Planspiele in Berlin. Die Regierungsstellen in Washington jedenfalls haben einen völlig anderen Blick auf Afghanistan als ihre Pendants in Berlin. Im Oktober 2008 warnten die US-Geheimdienste in einem gemeinsamen Bericht vor einer »Abwärtsspirale« und von einem Zerfall der afghanischen Zentralregierung.[7] Auch denkt man darüber nach, Gespräche mit Teilen der Taliban aufzunehmen.[8] Vor allem aber sollen, angesichts des schleppenden Aufbaus einer afghanischen Armee, nun verstärkt verbündete Warlords bewaffnet werden.[9] In Washington sind also alle hochgesteckten Ziele längst revidiert worden. Angestrebt wird nur noch »Stabilität« – also Ruhe im Land.

Angesichts des Desasters in Afghanistan gerät der Anlass für die Intervention fast in Vergessenheit. Die Bombardements und der US-Einmarsch waren bekanntlich der Auftakt zum »Krieg gegen den Terror«. Auch an diesem »*Operation Enduring Freedom*« (OEF) genannten Einsatz ist die Bundeswehr bekanntlich seit mehr als sieben Jahren offiziell beteiligt. Wenn es um die Frage einer Bilanz geht, hat der sogenannte Anti-Terror-Krieg allerdings einen großen Vorteil für die Bundeswehr und ihre politischen Kontrolleure in Berlin: Der Erfolg ist nicht messbar. Jeder Versuch einer Bilanzierung endet in absurden Spekulationen. Doch es sollte aufhorchen lassen, dass selbst in Geheimdienstkreisen der USA größte Zweifel am militärischen Vorgehen zur Bekämpfung des Terrors geäußert werden.[10] Was mit dem OEF-Einsatz eigentlich erreicht werden soll, und welche Mittel dafür geeignet sind, wissen die deutschen Wehrpolitiker schon lange nicht mehr. Aber die Beteiligung am Anti-Terror-Krieg hat noch einen weiteren Vorteil. Nicht nur ist der Erfolg nicht messbar, auch das Ende ist nicht terminiert. Die NATO geht seltsamerweise immer noch davon aus, dass die USA gerade angegriffen wurden und militärischen Beistand benötigen – der entsprechende Beschluss vom September 2001 wurde nie aufgehoben und bildet weiterhin die Grundlage für den OEF-Einsatz der Bundeswehr. Ein Ende ist nicht abzusehen und soll es wohl auch nicht sein. Als der damalige Pentagon-Chef Donald Rumsfeld den Krieg gegen den Terror ausrief, machte er klar, dass es dabei eher um die zeitliche Dimension des Kalten Kriegs gehe. Und der dauerte bekanntlich vier Jahrzehnte: *Operation Enduring War*.[11]

Wenn es gilt, einen positiven Einsatz aus jüngerer Zeit zu präsentieren, fällt Anhängern der neuen Bundeswehr zumeist die Kongo-Mission von 2006 ein. Es war ein Lehrbuch-Einsatz: kurze Vorbereitungszeit, kleines Kontingent, Unterstützungstruppen im Hintergrund, überschaubarer Zeitraum. Auf dem Papier war der Einsatz jedenfalls ein voller Erfolg. Statt ständig steigender und völlig überzogener Ansprüche wie in Afghanistan verfolgte man bei der Kongo-Mission eigentlich gar keine höheren Ambitionen: Die Einheiten sollten sich vier Monate lang auf dem Flughafen einrichten, die Fluchtwege aus der Stadt erkunden und sich bei alledem möglichst nicht unbeliebt machen. Damit war die Bundeswehr erfolgreich. Nur dem Land hat es nicht wirklich etwas gebracht.

Ausgerechnet im Vorfeld dieses Einsatzes wurde sehr viel stärker als bei vorherigen Missionen mit der vermeintlichen Verteidigung deutscher Interessen argumentiert. Das Argument der humanitären Hilfe verschwand nicht völlig, war aber nicht mehr so dominierend. Das bedeutet nicht, dass es dort tatsächlich um wie auch immer definierte »Interessen« ging. Es zeigte aber, dass eine Werbung mit vor allem moralischen Argumenten nicht mehr als politisch opportun gilt. Sollte sich dieser Trend fortsetzen, würde das künftig die Einsatzplanung der Bundeswehr zwar erleichtern. Missionen mit geringeren Ansprüchen sind einfacher und risikoärmer durchzuführen als solche mit großen moralischen Ambitionen. Andererseits ist eine pragmatischere Haltung für die Anhänger von Auslandseinsätzen langfristig nicht ohne Tücken. Denn eine demokratische Gesellschaft wird auf Dauer nur dann das mit Gewaltanwendung verbundene Risiko akzeptieren, wenn sie ihre Existenz oder ihre Werte bedroht sieht. Selbst in den USA und Großbritannien, wo militärische Interventionen in aller Welt Routine sind, scheint es nicht ganz ohne solche moralischen Argumente zu funktionieren. Der Versuch, den Irakkrieg als Demokratisierungsmission für den Mittleren Osten zu legitimieren, war dafür das beste Beispiel. Es dürfte immer schwierig bleiben, einer demokratischen Öffentlichkeit das Militär als beliebig einsetzbares außenpolitisches Instrument zu vermitteln. Dies ist kein speziell deutsches Problem. Aber es wird hier besonders offenkundig, weil der Gewöhnungsprozess noch nicht so fortgeschritten ist wie in anderen Ländern mit großer Militärmacht.

Welche Rolle auch immer der Bezug auf »nationale Interessen« in Zukunft haben wird, der Bedarf nach plausiblen Begründungen für Auslandseinsätze wird zunehmen. Denn die Schwelle von sogenannten »Stabilisierungseinsätzen« zu regelrechten Kampfeinsätzen soll künftig häufiger überschritten werden. Einsätze »hoher Intensität«, so will es das Weißbuch 2006, sollen zum Standard werden. Es wird also immer mehr Bilder von tötenden und getöteten Bundeswehrsoldaten geben. Das muss nicht unbedingt zu öffentlichen Protesten führen, aber es wird doch einer gewissen Überzeugungskraft seitens der Politik bedürfen, um die neue Qualität der Einsätze zu rechtfertigen. Das gilt auch für die Akzeptanz höherer materieller Opfer: Wenn alle Pläne zum Ausbau der Bundeswehr zu einer Interventionsarmee umgesetzt werden sollen, wird das auch mehr Geld kosten. Nicht einmal Kanzler Schröder, der die Beteiligung am Kosovokrieg und dem Afghanistaneinsatz zu verantworten hatte, traute sich an die Erhöhung des Wehretats heran. Auch hier stößt eine Gewöhnungsstrategie ohne die Begleitung durch eine grundsätzliche gesellschaftliche Debatte an ihre Grenzen. Man kann nicht darüber klagen, dass die Bundeswehr nur über unzureichende Mittel verfügt, wenn man zugleich keine Bereitschaft zeigt, die Aufgaben und Ziele der Bundeswehr öffentlich zur Diskussion zu stellen.

Die Debatte leidet aber nicht nur an der Diskussionsverweigerung der Befürworter einer deutschen Interventionsarmee. Auch die Kritiker einer solchen tragen mit der Art ihrer Argumentation zur Mystifikation militärischer Macht bei. Denn erstaunlicherweise argumentieren viele erklärte Kritiker von Auslandseinsätzen ganz ähnlich wie deren Befürworter. Am auffälligsten ist das, wie schon am Anfang des Buches dargelegt, bei der bloßen Beschränkung auf rechtliche Argumente gegen Auslandseinsätze. Das Einklagen einer Prüfung der anstehenden völkerrechtlichen Fragen bleibt selbstverständlich notwendig. Ein Problem gibt es aber dann, wenn dies zum einzigen Kriterium erklärt wird. Das betrifft neben vielen außerparlamentarischen Kritikern auch die Linksfraktion im Bundestag. Deren erklärte Haltung gegen »völkerrechtswidrige Angriffskriege« ist zwar löblich, denn in der Sache sollte das eine Selbstverständlichkeit sein. Für eine politische Auseinandersetzung reicht das allerdings nicht. Bei innenpolitischen Entscheidungen genügt es ja auch nicht, diese an ihrer Konformität mit der Verfassung zu messen; man muss sie auch politisch bewerten. Im Übrigen impliziert diese Argumentationslinie, dass man gegen Kriegsbeteiligungen, die man selbst für völkerrechtskonform hält, offensichtlich nichts einzuwenden hat.

Ein weiteres Indiz dafür, dass auch die Kritiker von Auslandseinsätzen militärischen Machbarkeitsvorstellungen erliegen, ist die Ablehnung von Auslandseinsätzen, weil sie als Auswuchs von Interessenpolitik betrachtet werden. Abgesehen davon, dass Interessen grundsätzlich nicht illegitim sein müssen, führt das Argument gleich in doppelter Hinsicht in die Irre: Zum einen zeugt es von dem Glauben, dass spezielle wirtschaftliche oder andere Interessen mit Hilfe militärischer Macht auch tatsächlich durchgesetzt werden können. Das aber muss man, nicht zuletzt angesichts des desaströsen Scheiterns der US-Streitkräfte im Irak und in Afghanistan und der damit verbundenen enormen wirtschaftlichen und gesellschaftlichen Kosten, stark in Frage stellen. Der zweite Irrtum: Wenn ein Nein zu Auslandseinsätzen damit begründet wird, dass sie aus vermeintlich falschen Motiven – hier also Interessen – unternommen werden, dann würde das eben auch bedeuten, dass gegen Einsätze aus vermeintlich richtigen

Motiven nichts einzuwenden wäre. Tatsächlich wird so das Argument für humanitäre Intervention also gestützt.

Die ultimative Überhöhung militärischer Macht liegt jedoch in der Unterstellung der Befürworter militärischer Interventionen, nur durch Auslandseinsätze werde Deutschland zum ernstzunehmenden außenpolitischen Akteur. Die Ablehnung militärischer Einsätze, so das Argument, käme dem Rückzug in die politische Isolation gleich. Nimmt man die These ernst, bedeutet dies, dass alle Bundesregierungen, die vor dem Beginn bewaffneter Auslandseinsätze der Bundeswehr im Amt waren, weltpolitisch gar nicht existierten. Von Adenauer über Schmidt bis Kohl haben sich, nach dieser Logik, alle Kanzler offenbar nur um die deutsche Innenpolitik gekümmert. Selbst die von Willy Brandt und Egon Bahr initiierte Ostpolitik, mit der durch Anerkennung unangenehmer Realitäten und ohne Pathos sehr viel verändert wurde, hat demnach nicht stattgefunden. Die Außenpolitik der Bundesrepublik Deutschland hätte, nach dieser Lesart der Geschichte, erst mit Gerhard Schröder und Joschka Fischer begonnen. »Die außenpolitische Diskussion«, schrieb der Spiegel schon 1993, »hat sich auf ein absurdes Szenario verengt: Wo immer Krisen entstehen und Völker aufeinander einschlagen, sollen die Deutschen dabei sein dürfen.« Daran sei die »Handlungsfähigkeit der Bundesregierung« zu messen.[12] Das war noch vor dem Abflug der ersten Bundeswehrsoldaten nach Somalia und lange bevor die Bundeswehr begann, in Afghanistan Krieg zu führen. Doch die Beobachtung trifft noch immer zu. Militärische Interventionen sind nicht nur zum außenpolitischen Instrument geworden, sie sind Politikersatz.

Einher geht dies mit einer Überschätzung der Kapazitäten der Bundeswehr. Trotz der hier beschriebenen Großeinsätze im Kosovo und in Afghanistan ist die Schlagkraft der deutschen Streitkräfte immer noch gering. Denn jeder Auslandseinsatz ist mit einem gern unterschätzten personellen Aufwand für Verpflegung, Transport, medizinische Versorgung, Wartung der Ausrüstung und Schutz der Feldlager verbunden. Mehr als die Hälfte der eingesetzten Truppen darf das Lager während der Stationierungszeit in der Regel nicht verlassen. Auf jeden Soldat im Kampfeinsatz oder auf Patrouille kommen rechnerisch etwa zwei Soldaten als Unterstützer. Und selbst von den außerhalb der Lager eingesetzten Soldaten ist noch ein großer Teil mit der Sicherung und Versorgung der eigenen Truppen befasst.

Rechnet man die in Deutschland verbliebenen Truppen hinzu – schließlich geht ein Soldat meist nur alle anderthalb Jahre für vier Monate in einen Auslandseinsatz – , machen die tatsächlich in einem Kampf- oder Überwachungseinsatz stehenden Soldaten nur ein Bruchteil des Gesamtpersonals der Bundeswehr aus. Selbst für die bislang relativ kleinen Einsätze der Bundeswehr bedarf es also schon eines mehrere 100 000 Soldaten umfassenden Apparates. Auch die finanziellen Kosten für die Auslandseinsätze liegen deshalb bei ehrlicher Einrechnung aller Kosten weit über den in Bundestagsmandaten stets angegebenen »einsatzbedingten Zusatzkosten«. Bei den offiziellen Kosten für die jeweiligen Auslandseinsätze werden in der Hauptsache Auslandszulagen und Transportkosten eingerechnet, die laufenden Grundkosten für die Bundeswehr, immerhin rund dreißig Milliarden Euro pro Jahr, jedoch nicht berücksichtigt.[13] Wenn die Bundeswehr aber Auslandseinsätze als ihre Hauptaufgabe ansieht, müssen auch die Gesamtkosten auf diese Einsätze umgelegt werden. Andernfalls wäre dies so, als würde ein kommerzielles Unternehmen für den Einsatz seiner Mitarbeiter nur die Zahlung der Spesen berechnen. Die laufenden Personalkosten, die Beschaffung von Kriegsgerät, so das Argument des großzügigen Unternehmers Bundesrepublik Deutschland im Fall der Bundeswehr, fallen ja ohnehin an – egal, ob meine Leute gerade einen Auftrag ausführen oder auf einen solchen warten.

Angesichts des Missverhältnisses zwischen Erfolg und Kosten

ist es erstaunlich, wie sehr sich die Kritiker militärischer Interventionen in die Ecke realitätsfremder Vertreter einer längst vergangenen Zeit haben drängen lassen. Sie legen dann gerne dar, ob und welche Alternativen sie parat haben, um die Ziele zu erreichen, an denen selbst die Bundeswehr scheitert. Offenbar akzeptieren sie die ihnen zugeschobene Beweislast. Dabei müssten sie sich eigentlich distanzieren von jenem militärischen Machbarkeitswahn, dem zufolge jedes Problem an jedem Ort der Welt lösbar ist. Das würde aber auch bedeuten zu akzeptieren, dass nach einem eventuellen Abzug der Bundeswehr aus Afghanistan dort nicht zwangsläufig der Friede ausbricht. Zu argumentieren, dass die Bundeswehr offenbar nicht in der Lage ist, die Situation zu verbessern, bedeutet nicht, dass ihr Abzug die Antwort auf alle Probleme Afghanistans wäre: Ohne die Bundeswehr im Ausland wird die Welt nicht zwangsläufig besser. Aber mit ihr eben auch nicht.

Kann man sich auf diese zwei Sätze einigen, wäre schon einiges erreicht. Soll dann noch eine Debatte über Auslandseinsätze der Bundeswehr in Gang kommen, sind noch einige weitere grundlegende Einsichten vonnöten. Es gilt, erstens, anzuerkennen, dass sich Deutschland im Krieg befindet. Diese Feststellung bezieht sich nicht auf alle Auslandseinsätze der Bundeswehr. Sie gilt jedoch zweifellos für Afghanistan. Spätestens seit der 2005 begonnenen Ausweitung des NATO-Einsatzes auf das ganze Land ist Deutschland hier ebenso Kriegspartei wie während des Luftkriegs gegen Rest-Jugoslawien 1999. Ein Krieg findet nicht nur dann statt, wenn zwei ähnlich gerüstete, staatlich organisierte Konfliktparteien aufeinandertreffen. Würde man dieses Bild anwenden, gäbe es kaum noch Kriege. Da die Bundeswehr als Teil der in ganz Afghanistan kämpfenden ISAF-Truppen agiert, ist sie für das Geschehen in Gesamt-Afghanistan mitverantwortlich – ganz egal, ob sie dort aktiv eingreift oder nicht. Selbst wenn man zu dem Schluss käme, dass nicht überall in Afghanistan zu jeder

Zeit ein bewaffneter Konflikt stattfindet, sind auch diejenigen Truppen, die im ruhigeren Teil des Landes stationiert sind, an diesem Krieg beteiligt. Insbesondere im Rahmen der vernetzten Kriegführung der NATO, die auf Kommunikation in Echtzeit sowie auf die Einbindung lokaler Machthaber am Boden basiert, spielt eine Streitmacht, die nicht primär für das Schießen, dafür aber für Aufklärung und psychologische Kriegführung zuständig ist, eine ebenso kriegswichtige Rolle.

In einer politischen Debatte über Auslandseinsätze muss folglich, zweitens, anerkannt werden, dass sich das Bild von Kriegen und Konflikten grundlegend verändert hat. Die These von der nicht-kriegerischen Aufbaumission in Afghanistan stützt sich auf ein antiquiertes Kriegsbild. Zwar wird der diffuse Hinweis auf eine angeblich völlig neue Weltlage und »neue Kriege« zur Begründung von Interventionen genutzt. Die Effektivität der eigenen militärischen Mittel in solchen neuen Kriegsszenarien wird aber nicht in Frage gestellt. Auch und gerade ein asymmetrisch agierender Gegner kann ein Kriegsgegner sein, der den Erfolg militärischer Interventionen erschwert oder gar verhindert. Am unteren Ende der Skala dieser asymmetrischen Kriegführung steht die privatisierte oder kommerzialisierte Form organisierter Gewalt, die sich etwa Kleinwaffen oder selbst gefertigter Sprengkörper bedient. Waffen mit der denkbar größten Sprengwirkung stehen am anderen Ende der Skala: die Atombombe. Auch sie werden zumindest langfristig die Erfolgsaussichten militärischer Interventionen vermindern. Regierungen, die sich gegen militärische Interventionen externer Militärmächte immun machen möchten, denken zumindest über die Beschaffung von Atomwaffen nach. In einigen Fällen bemühen sie sich aktiv darum oder bereiten zumindest die technologische Basis dafür vor. Die Folgen der sogenannten atomaren Proliferation für die Fähigkeit zum Führen von Interventionskriegen werden aber kaum thematisiert.

Um eine sachangemessene Debatte über Bundeswehreinsätze zu führen, gilt es, drittens, sich von moralischer Überheblichkeit, wie sie für die hiesige Diskussion typisch ist, zu verabschieden. Ihren Ausdruck findet diese Überheblichkeit etwa in dem Anspruch, im relativ ruhigen Nordafghanistan zu demonstrieren, wie ein Vorgehen in ganz Afghanistan aussehen könnte – ohne dabei die komplett unterschiedlichen Ausgangslagen zu beachten. Ähnliches gilt für die Feststellung der besonderen Beliebtheit deutscher Soldaten. Diese beruht aber vor allem darauf, dass das deutsche Militär erst neuerdings in aller Welt aktiv ist und deshalb, anders als das der USA und der ehemaligen Kolonialmächte, wenig Gelegenheit hatte, sich unbeliebt zu machen. Soweit es einen Vertrauensvorschuss tatsächlich gibt, wird er umso schneller aufgebraucht sein, je stärker sich deutsche Soldaten an Kampfeinsätzen in aller Welt beteiligen. Die ersten bekannt gewordenen Fälle von tödlichem Schusswaffengebrauch deutscher Soldaten in Afghanistan haben gezeigt, wie sich eine Eskalation auf das Bild der Bundeswehr im Ausland auswirken kann. Je größer die Furcht vor Anschlägen auf die Bundeswehr ist, desto mehr nimmt verständlicherweise die Bereitschaft der Bundeswehrsoldaten zu, Schusswaffen frühzeitig einzusetzen. Dies wiederum wird die Gefahr weiterer Anschläge auf die Bundeswehr wachsen lassen.

Die Abgrenzung gegenüber Verbündeten, insbesondere gegenüber dem Vorgehen der USA, ist umso weniger angemessen, als diese Einsätze in der Regel mit Bündniszwängen begründet werden. Eine Auseinandersetzung über Auslandseinsätze kann aber nur funktionieren, wenn sich die Protagonisten, viertens, nicht mehr hinter vermeintlichen oder tatsächlichen äußeren Zwängen verstecken. Es kann nicht länger so getan werden, als hätte die deutsche Politik nur die Möglichkeit, auf die immer wieder angeführten externen »Anforderungen« zu reagieren. Es ist ein erfreulicher, weil im Grunde internationalistischer und postnationalistischer Ansatz, der dieser Haltung zugrunde liegt. Diese positive Grundhaltung wird aber missbraucht, wenn man sich ausgerechnet dann, und nur dann, auf sie beruft, wenn es um die Entsendung der Bundeswehr geht. Selbst wenn ein Einsatz tatsächlich aus dem Bewusstsein internationaler Verantwortung und Verpflichtung beschlossen wird, kann dies nicht bedeuten, dass man sich den Blick auf negative Entwicklungen versagt. »Zum Unmöglichen«, daran erinnerte Egon Bahr schon 2007 im Zusammenhang mit dem Afghanistaneinsatz, »ist niemand verpflichtet.«[14]

Eine sowohl von Befürwortern wie von Kritikern zuweilen eingeklagte Hinwendung zu einer Debatte über »deutsche Interessen« kann, fünftens, eine Auseinandersetzung über die Effektivität militärischer Auslandseinsätze nicht ersetzen. Ansatzweise wird bereits jetzt das unter der rot-grünen Koalition hochgehaltene altruistische Argument der humanitär begründeten Interventionen durch Begründungen überlagert, die auf vermeintliche oder tatsächliche nationalstaatliche Interessen abzielen. Dies zeichnete sich sowohl im Zusammenhang mit den Einsätzen im Kongo als auch mit der Anti-Piraten-Mission am Horn von Afrika ab. Eine Hinwendung zu einer solchen Diskussion würde erneut von der Frage der Effektivität ablenken und eine klare Definition dessen einfordern, was mit »deutschen Interessen« gemeint sein soll. Um wessen Interessen geht es genau? Geht es um ökologische, wirtschaftliche oder soziale Interessen? Geht es um langfristige oder kurzfristige Ziele? Der wirre Katalog des Weißbuchs hat deutlich gemacht, in welches Nirwana Versuche, nationale Interessen zu definieren, führen können.[15] Eine weitere undefinierte Worthülse ist aber das Letzte, was eine Debatte über die Auslandseinsätze der Bundeswehr nötig hätte.

Eine Debatte über Auslandseinsätze der Bundeswehr bedarf, sechstens, einer besseren Informiertheit der Öffentlichkeit. Militärpolitische Beratungen und militärische Planungen müssen transparenter werden. Gerade die deutschen Wehrpolitiker, die sich, im Vergleich mit ihren US-Kollegen, nicht selten für die besseren Demokraten halten, können sich in Sachen Transparenz jenseits des Atlantiks einiges abgucken. Trotz der Einschränkungen im Informationszugang während der Bush-Regentschaft ist es in den USA leichter, Details über die Rüstungsbeschaffung und Truppenstationierung der US-Streitkräfte zu erfahren als hierzulande über die der Bundeswehr. Ein Mehr an militärpolitischer Transparenz gab es zuletzt Anfang der 1980er Jahre durch die Proteste gegen die Stationierung neuer Atomwaffen. Die Raketen wurden dennoch stationiert, aber die Militärpolitik war aus den Hinterzimmern geholt. Auch mit Blick auf die Auslandseinsätze der Bundeswehr bedarf es zunächst eines breiten öffentlichen Interesses und engagierter Einmischung. Es geht also nicht nur darum, dass mehr und seriösere Informationen seitens der Regierung angeboten werden. Sie müssen auch von einer interessierten Öffentlichkeit eingefordert werden.

Ein demokratisierter Informationszugang ist Grundlage für die, siebtens, unerlässliche Evaluierung jeder einzelnen Mission der Bundeswehr. Auslandseinsätze sind eine kostspielige und nicht nur für die Soldatinnen und Soldaten im Auslandseinsatz, sondern für die gesamte Gesellschaft potenziell riskante Angelegenheit. Die staatliche Anwendung von Gewalt ist eine derartige Ausnahmesituation, dass sie nicht nur einer moralischen und legalen Begründung bedarf, sondern auch einer seriösen Einschätzung ihrer Effektivität. Dabei ist eine klare Definition dessen nötig, was erreicht werden soll und zu welchen politischen, menschlichen und wirtschaftlichen Kosten, mit welchen Nebenwirkungen und in welchem Zeitraum. Eine solche Prüfung, gemessen an klar formulierten Zielen, ist in anderen staatlich geförderten Projekten eine Selbstverständlichkeit. Wenn bei der Kontrolle des Militärapparates ein anderer Anspruch gelten sollte, dann eher ein höherer. Ohne eine solche Prüfung bereits stattgefundener Einsätze erübrigt sich auch die Forderung nach im Zweifelsfall beliebig dehnbaren Kriterien für künftige Auslandseinsätze.[16]

Zu einer notwendigen Grundlage für eine Debatte gehört, achtens, ein ehrlicher Umgang mit den wirtschaftlichen und gesellschaftlichen Konsequenzen von dauerhaften Auslandseinsätzen. Man kann nicht so tun, als ließe sich eine Interventionsarmee aufbauen, ohne dass dies spürbare Konsequenzen auf die demokratische Struktur des Staates und für die haushaltspolitischen Prioritäten habe. Die USA geben pro Kopf der Bevölkerung mehr als dreimal soviel für ihr Militär aus wie Deutschland.[17] Der Militäretat einer Interventionsmacht Deutschland müsste also drastisch ansteigen. In den USA kann man alle entsprechenden negativen Folgen studieren. Dazu gehört ein stärkeres innenpolitisches Gewicht militärischer Institutionen. Dazu gehört aber auch die Situation der ausgeschiedenen Soldaten.[18] Zudem gilt es zu bedenken, dass bei einem Ausbau der deutschen Interventionstruppen die Ansprüche an den Ausbildungsstand der Soldaten herabgesetzt werden müssten. Folgt man dem Beispiel der USA, würden zudem die Stationierungszeiten im Ausland deutlich verlängert. Während Bundeswehrsoldaten in der Regel nur vier Monate im Ausland und mindestens 16 Monate zu Hause sind, waren US-Soldaten in den vergangenen Jahren häufig mehr als ein Jahr lang im Irak oder in Afghanistan stationiert. All diese finanziellen, gesellschaftlichen und menschlichen Kosten müssen in die Auseinandersetzung über den Umbau der Bundeswehr einfließen.

Eine Debatte über die Bundeswehr im Auslandseinsatz würde, neuntens, von mehr Bescheidenheit und Demut profitieren. Nötig ist ein Abschied von der Illusion, man könne weltpolitische Kontrollfähigkeit erlangen. Gerade weil diese Illusion in anderen Politikfeldern, etwa in der Wirtschaftspolitik, geplatzt ist, scheint sich der Machbarkeitswahn politischer Entscheider zunehmend auf das Instrument militärischer Macht zu konzentrieren. Auch einige Kritiker von Auslandseinsätzen sind dem verfallen: Wenn bei jedem Einsatz gleich vor imperialen Ansprüchen einer vermeintlichen Großmacht Deutschland gewarnt wird, trägt dies zur Überschätzung der realen Fähigkeiten der Bundeswehr bei. Der Glaube an die Allmacht militärischer Mittel scheint ungebrochen. Und dies, obwohl zumindest die Großeinsätze der US-Streitkräfte im Irak und Afghanistan genau das Gegenteil belegen sollten. Wenn sogar die größte Militärmacht in militärisch schwachen Staaten ihren politischen Willen nicht durchzusetzen vermag, wie sollen dann die vergleichsweise bescheidenen militärischen Kapazitäten der Bundeswehr dazu in der Lage sein?

Eine den Kosten und Risiken angemessene politische Debatte über die Auslandseinsätze der Bundeswehr bedarf schließlich, zehntens, einer Umkehr der Beweislast. Es kann nicht sein, dass den Skeptikern die Bringschuld in dieser Auseinandersetzung zugeschoben wird. Die Annahme, dass militärische Mittel grundsätzlich zum Erfolg führen und nur deren moralische und juristische Zulässigkeit geklärt werden muss, ist angesichts der bisherigen Erfahrungen nicht mehr tragbar. Eine demokratische Auseinandersetzung über die Rolle der Bundeswehr kann nur funktionieren, wenn sich die Einsicht durchsetzt, dass militärische Macht in ihrer Wirkung eng begrenzt und nicht zwangsläufig erfolgreich ist. Der Erfolg muss belegt werden, nicht der Misserfolg. Die Effektivität zählt, nicht die Intention. Die Bundeswehr im Ausland muss sich an den Ergebnissen ihrer Einsätze messen lassen, nicht nur an guten Absichten.

Es scheint ein wachsendes Bedürfnis zu geben, die ausgefallene Debatte über die Zukunft der Bundeswehr als weltweit agierende Interventionsmacht nachzuholen. Die lange verdrängten Fragen nach den Möglichkeiten und Zielen nehmen auch deshalb zu, weil die Perspektivlosigkeit des Afghanistaneinsatzes immer offenkundiger wird. Käme eine Debatte in Gang, wäre dies schon ein Gewinn für die Demokratie, unabhängig von deren Ausgang. Ob sich in deren Verlauf aus dem »freundlichem Desinteresse« eine ablehnende Haltung gegenüber den Auslandseinsätzen und den Plänen für die Bundeswehr als Interventionsarmee entwickelt, ist noch nicht ausgemacht. Doch die Möglichkeit muss bestehen, das Ergebnis muss offen sein – sonst ist die Forderung nach einer demokratischen Auseinandersetzung überflüssig.[19]

Von den Illusionen und Unehrlichkeiten, welche die deutsche Militärpolitik der letzten zehn Jahre geprägt haben, müssen wir uns in jedem Fall verabschieden. Die edelsten moralischen Motive helfen niemandem, wenn das Ziel nicht zu erreichen ist. Aus der Armee im Einsatz ist die Armee der überschätzten Möglichkeiten geworden. Eine politische Debatte darüber kann es erst geben, wenn wir uns nicht mehr für Gutkrieger halten.

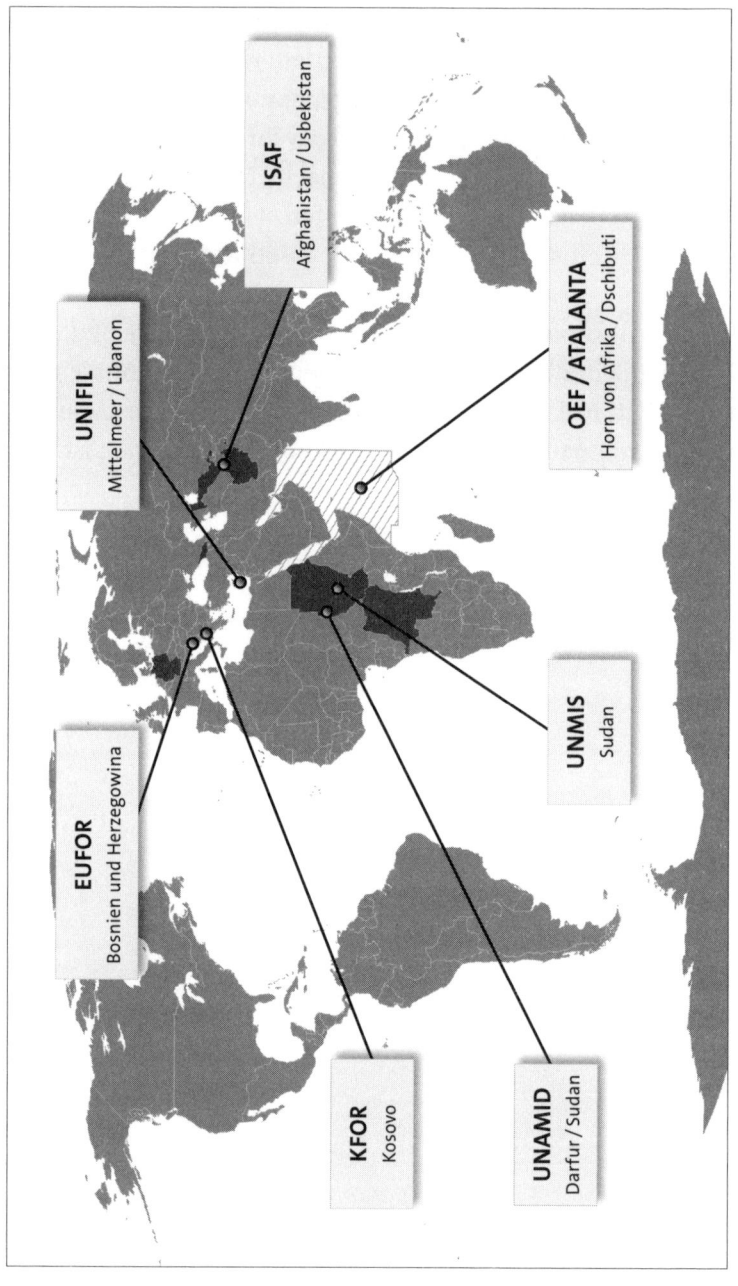

ISAF
Afghanistan / Usbekistan

OEF / ATALANTA
Horn von Afrika / Dschibuti

UNIFIL
Mittelmeer / Libanon

UNMIS
Sudan

EUFOR
Bosnien und Herzegowina

KFOR
Kosovo

UNAMID
Darfur / Sudan

Quelle: Einsatzführungskommando der Bundeswehr

Die wichtigsten Auslandseinsätze der Bundeswehr im Januar 2009

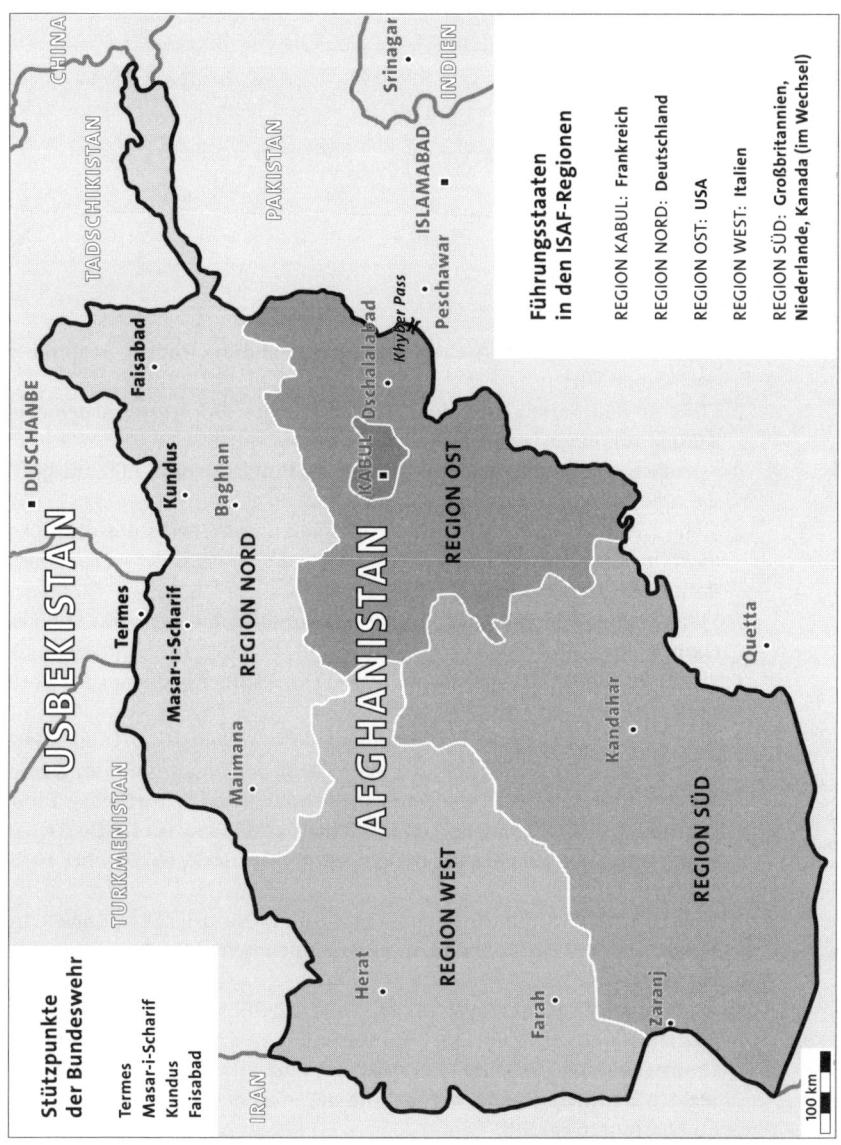

Stützpunkte der Bundeswehr

Termes
Masar-i-Scharif
Kundus
Faisabad

Führungsstaaten in den ISAF-Regionen

REGION KABUL: Frankreich

REGION NORD: Deutschland

REGION OST: USA

REGION WEST: Italien

REGION SÜD: Großbritannien, Niederlande, Kanada (im Wechsel)

Anmerkungen

Kapitel 1

1 *Tagesschau*, Erstes Deutsches Fernsehen, Sendung vom 1. September 2008, 20:00 Uhr.
2 »Tote an deutsch-afghanischem Kontrollpunkt«, *Frankfurter Allgemeine Zeitung*, 30. August 2008, S. 1
3 »Deutsche im Fadenkreuz: Angriffe auf die Bundeswehr in Afghanistan«, *die tageszeitung*, 2. September 2008, S. 1.
4 Siehe z. B.: Bundesministerium der Verteidigung, *Verteidigungspolitische Richtlinien für den Geschäftsbereich des Bundesministers der Verteidigung*, Berlin, Mai 2003, S. 1 und 27.
5 Mary Kaldor, *The Imaginary War: Understanding the East-West Conflict*, Oxford: Basil Blackwell, 1990.
6 Eric Chauvistré, »Atombombe im Kopf«, *Frankfurter Rundschau*, 22. April 1999.
7 Joschka Fischer sagte in der Parlamentsdebatte vom 16. Oktober 1998: »Wir entscheiden heute über die Beteiligung der Bundeswehr an einem Militäreinsatz der NATO, von dem wir alle hoffen, und heute Gott sei Dank begründet hoffen können, daß er niemals staffinden wird.« Deutscher Bundestag, Stenographischer Bericht, 13. Wahlperiode, 16. Oktober 1998, S. 23141.
8 »We Have To Win This‹. Germans, Their Foreign Minister Says, Know Why Milosevic Must Be Stopped«, Interview mit Joschka Fischer, *Newsweek*, 19. April 1999.
9 Bei Kriegen, die nicht von regulären Armeen geführt werden, sind die von Medien oder internationalen Organisationen genutzten Kriterien für die Unterscheidung zwischen Kombattanten und Zivilisten zwangsläufig recht willkürlich. Häufig werden alle männlichen Erwachsenen zu den Kombattanten gezählt.
10 Sozialwissenschaftliches Institut der Bundeswehr, *Sicherheits- und verteidigungspolitisches Meinungsklima in der Bundesrepublik Deutschland. Erste Ergebnisse der Bevölkerungsbefragung 2007*, Straußberg, November 2007, S. 15; »Umfrage zu Afghanistan: Mehrheit der Deutschen für Abzug«, *stern.de*, 12. September 2007.

11 Siehe dazu: Julie Zeh, »Krieg und auch nicht«, *Der Spiegel*, Nr. 34, 18. August 2008, S. 138.

12 Theodore A. Postol, »Lessons of the Gulf War Experience with Patriot«, *International Security*, Vol. 16, No. 3, Winter 1991/1992, S. 140.

13 Deutscher Bundestag, Stenographischer Bericht, 16. Wahlperiode, 9. Sitzung, 16. Dezember 2005, S. 599.

14 Altkanzler Helmut Schmidt beklagt mit Blick auf den politischen Raum, es habe bisher »über die deutschen Beteiligungen an militärischen Interventionen keine ausreichende Debatte gegeben, insbesondere keine Parlamentsdebatte, die tief genug geschürft hätte.« Bei der Gründung der Bundeswehr sei dies anders gewesen. Dort habe das Parlament die Auseinandersetzung nicht gescheut. Helmut Schmidt, »Was uns wirklich angeht – und was nicht«, *Die Zeit*, 30. Oktober 2008.

15 Dies gilt auch für einige sich selbst als konservativ verstehende Journalisten. Siehe: Wolfram Weimer, »Raus aus Afghanistan«, *Cicero*, April 2008, S. 32.

Kapitel 2

1 »Oct. 16 airpower summary: tankers continue to fuel the fight«, *Air Force Print News*, 17. Oktober 2008.

2 »Oct. 16 airpower summary: tankers continue to fuel the fight«, *Air Force Print News*, 17. Oktober 2008.

3 Deutscher Bundestag, Drucksache 16/10473, 7. Oktober 2008, S. 4.

4 Statt um zwölf wurde das Mandat um 14 Monate verlängert, um es nicht kurz nach der Bundestagswahl im September 2009 auslaufen zu lassen.

5 Deutscher Bundestag, a.a.O., S. 5.

6 Deutscher Bundestag, Stenographischer Bericht, 16. Wahlperiode, 183. Sitzung, 16. Oktober 2008, S. 19498.

7 Ebd.

8 Deutscher Bundestag, Drucksache 16/10473, 7. Oktober 2008, S. 5.

9 Bernhard Chiari, «Der sowjetische Einmarsch in Afghanistan und die Besatzung von 1979 bis 1989«, *Afghanistan – Wegweiser zur Geschichte*, 2. Auflage im Auftrag des Militärgeschichtlichen Forschungsamts herausgegeben von Bernhard Chiari, Paderborn: Schöningh, 2007, S. 62.

10 Mary Kaldor, »Der ›neue Krieg‹ im Irak«, Ulrich Beck (Hg.), *Generation Global*, Frankfurt am Main: Suhrkamp, 2007, S. 75.

11 Siehe dazu: »Militär nützt immer weniger«, Interview mit Gwynne Dyer, *die tageszeitung*, 17. Oktober 2008, S. 4.

12 Deutscher Bundestag, Drucksache 14/7296, 7. November 2001, S. 3.

13 Eine Ausnahme bildet das unter Paragraph 4 des Parlamentsbeteiligungs-

gesetzes vorgesehene »vereinfachte Zustimmungsverfahren« für Einsätze von »geringer Intensität und Tragweite«. Bundesgesetzblatt, Jahrgang 2005, Teil I, Nr. 17, 23. März 2005, S. 775–776.

14 »SPD-Verteidigungsexperte für Ende von KSK-Einsatz in Afghanistan«, Reuters, 20. Oktober 2006.

15 Details zu den Aktionen der Spezialkräfte wurden im Oktober 2008 durch den Abschlussbericht des KSK-Untersuchungsausschusses des Bundestags öffentlich. Deutscher Bundestag, Drucksache 16/10650, insb. S. 97–100. Siehe auch: Andreas Dawidzinski, »Frustrierte Spezialkräfte – Was der Untersuchungsausschuss über den KSK-Einsatz am Hindukusch zu Tage gefördert hat«, Streitkräfte und Strategien, NDR Info, Norddeutscher Rundfunk, Manuskript der Sendung vom 4. Oktober 2008, S. 3-9.

16 Deutscher Bundestag, Drucksache 16/3272, 8. November 2006, Abschnitt I.

17 Deutscher Bundestag, Drucksache 16/11337, 10. Dezember 2008.

18 Michael Inacker, »Deutsche Soldaten jagen al-Qaida«, Frankfurter Allgemeine Sonntagszeitung, 24. Februar 2002.

19 »Verteidigungsministerium bemängelt US-Informationspolitik«, Deutsche Presseagentur, 4. März 2002.

20 Deutscher Bundestag, Drucksache 14/7296, 7. November 2001, S. 3.

21 Eric Chauvistré, »Terrorfahndung auf hoher See«, die tageszeitung, 1. Oktober 2003, S. 4.

22 Deutscher Bundestag, Drucksache 16/3272, 8. November 2006, Abschnitt IV und Anlage 3. Siehe auch: »Bundeswehr gab US-Kriegsschiffen während Irak-Kriegs Geleitschutz«, Deutsche Presseagentur, 9. November 2006.

23 Der SPD-Abgeordnete Rainer Arnold sagte im November 2005 im Deutschen Bundestag: »Natürlich geht uns die Situation dort auch vor dem Hintergrund des Welthandels etwas an. Es kann doch niemand sagen, die Situation dort könne Deutschland egal sein. 90 Prozent des Welthandels und damit auch des Waffenschmuggels vollziehen sich auf dem Seeweg. Deshalb ist es gut, wenn wir alle miteinander darüber nachdenken, wie die Marine in die Lage versetzt werden kann, auch in Zukunft ihre Aufträge so zu erledigen, dass sie zusammen mit den Einsatzkräften anderer Staaten dem deutschen Interesse dient. Hierfür in den nächsten Jahren zu sorgen, haben wir uns gemeinsam vorgenommen.« Deutscher Bundestag, Stenographischer Bericht, 16. Wahlperiode, 2. Sitzung, 8. November 2005, S. 54.

24 Selbst innerhalb der Bundeswehr wurde dieses Unterfangen offenbar als wenig erfolgversprechend betrachtet. »Zeitung: Bundeswehr hält 500 Schiffe gegen Piraten für nötig«, Agence France Press, 26. November 2008.

25 Deutscher Bundestag, Stenographischer Bericht, 16. Wahlperiode, 49. Sitzung, 19. September 2006, S. 4800.

26 Ebd., S. 4804.

27 Ebd., S. 4815.

28 Ebd., S.4810.

29 *Report of the Secretary-General on the implementation of Security Council resolution 1701 (2006)*, United Nations, S/2008/135, 28. Februar 2006.

30 Bundespräsidialamt, *Einsatz für Freiheit und Sicherheit. Rede von Bundespräsident Horst Köhler bei der Kommandeurstagung der Bundeswehr am 10. Oktober 2005 in Bonn.*

31 Siehe auch: Eric Chauvistré, »Geräuschlose Kampftruppe«, *die tageszeitung*, 25. Oktober 2005, S. 12.

32 Sozialwissenschaftliches Institut der Bundeswehr, *Sicherheits- und verteidigungspolitisches Meinungsklima in der Bundesrepublik Deutschland. Erste Ergebnisse der Bevölkerungsbefragung 2007*, Straußberg, November 2007, S. 15.

33 Siehe dazu auch: Anna Geis, »Sicherheitsinteressen am Hindukusch – Desinteresse zuhause?«, *WeltTrends*, 15. Jahrgang, Nummer 56, Herbst 2007, S. 64–70.

34 Christoph Schwennicke, »Verdruckste Krieger«, *Der Spiegel*, Nr. 27, 30. Juni 2008, S. 36.

35 Ebd.

36 Sozialwissenschaftliches Institut der Bundeswehr, a.a.O., S. 11.

37 Deutscher Bundestag, Stenographischer Bericht, 16. Wahlperiode, 181. Sitzung, 7. Oktober 2008, S. 19321.

38 Deutscher Bundestag, Stenographischer Bericht, 16. Wahlperiode, 183. Sitzung, 16. Oktober 2008, S. 19508.

39 Sebastian Fischer, »Heftige Debatte über Aufstockung deutscher Truppen«, *Spiegel Online*, 9. Februar 2008.

40 Deutscher Bundestag, Stenographischer Bericht, 16. Wahlperiode, 142. Sitzung, 14. Februar 2008, S. 14944.

41 »Die Taliban nicht frontal angreifen«, Interview mit Winfried Nachtwei, *die tageszeitung*, 5. September 2007, S. 12.

42 Deutscher Bundestag, Stenographischer Bericht, 16. Wahlperiode, 183. Sitzung, 16. Oktober 2008, S. 19495.

43 Deutscher Bundestag, Stenographischer Bericht, 16. Wahlperiode, 142. Sitzung, 14. Februar 2008, S. 14946.

44 Deutscher Bundestag, Stenographischer Bericht, 16. Wahlperiode, 171. Sitzung, 25. Juni 2008, S. 18148.

45 »More sorties, more munition«, *Air Force Magazine*, 8. Januar 2008. Siehe auch: Anthony H. Cordesman, *US Airpower in Iraq and Afghanistan 2004– 2007*, Washington, DC: Center for Strategic and International Studies, Dezember 2007.

46 Bruce Rolfsen, »Afghanistan hit by record number of bombs«, *AirForceTimes*, 18. Juli 2008.

47 »Bundeswehrverband: Deutsche Soldaten in Afghanistan im Krieg«, Deutsche Presseagentur, 3. September 2008.

48 Rede des Bundesministers der Verteidigung, Dr. Franz Josef Jung, anläss-
    lich der Trauerfeier für die am 20. Oktober 2008 in Afghanistan im Einsatz
    getöteten Soldaten der Bundeswehr am 24. Oktober 2008 in Zweibrücken.
49 Siehe dazu auch: Alexander Szandar, »Gefallen für den Frieden«, *Der Spie-
    gel*, Nr. 44, 27. Oktober 2008, S. 132.
50 »Schröder-Erklärung zu Kosovo im Wortlaut«, Reuters, 24. März 1999.
51 »Bundeswehr in Afghanistan: K wie Krieg«, *Spiegel TV Magazin*, Sendung
    vom 21. Oktober 2008, www. spiegel.de.
52 Deutscher Bundestag, Drucksache 16/10473, 7. Oktober 2008, S. 2.
53 Winfried Nachtwei, *Vor der ISAF-Mandatsentscheidung – Jüngste Eindrü-
    cke aus Kabul, Mazar-e Sharif und Kunduz*, 5. Oktober 2008. Die Angaben
    wurden von einem anderen Mitglied der Delegation bestätigt.
54 »Oct. 2 airpower summary: tankers continue to fuel the fight««, *Air Force
    Print News*, 3. Oktober 2008, www.af.mil/news.

Kapitel 3

1 Bundesministerium der Verteidigung, *Weißbuch 2006 zur Sicherheitspoli-
    tik Deutschlands und zur Zukunft der Bundeswehr*, Berlin, Oktober 2006.
2 Lizette Alvarez, »Army and Marine Corps Grant More Felony Waivers«,
    The New York Times, 22. April 2008.
3 Bundesministerium der Verteidigung, *Verteidigungspolitische Richtlinien
    für den Geschäftsbereich des Bundesministers der Verteidigung*, Berlin, Mai
    2003.
4 Für eine weitergehende Analyse siehe: Lothar Brock, »Wo beginnt, wo en-
    det menschliche Sicherheit?«, Corinna Hauswedell (Hg.), *Welche Sicher-
    heit, für wen und mit welchen Mitteln? Erweiterte Sicherheit und das neue
    Weißbuch in der Diskussion*, Rehburg-Loccum: Evangelische Akademie
    Loccum, 2008, S. 25–42.
5 Deutscher Bundestag, Stenographischer Bericht, 16. Wahlperiode, 60. Sit-
    zung, 26. Oktober 2006, S. 5788. Siehe dazu auch: Berthold Meyer, *Von der
    Entgrenzung nationaler deutscher Interessen: Die politische Legitimation
    weltweiter Militäreinsätze*, HSFK-Report 10/2007, Frankfurt am Main: Hes-
    sische Stiftung Friedens- und Konfliktforschung, 2007, S. 20–21.
6 Deutscher Bundestag, a.a.O., S. 5793.
7 »CIMIC ist mehr«, www. bundeswehr.de, 12. Juni 2007.
8 Der entsprechende Ausschuss im US-Kongress trägt den Namen »*Armed
    Services Committee*«.
9 Vgl. das Statement von Jochen Hippler in: Corinna Hauswedell (Hg.), *Wel-
    che Sicherheit, für wen und mit welchen Mitteln?*, S. 162.
10 Ebd., S. 23.

11 Bundesministerium der Verteidigung, *Weißbuch 2006 zur Sicherheitspolitik Deutschlands und zur Zukunft der Bundeswehr*, Berlin, Oktober 2006, S. 27.

12 Durch seine relativ effiziente Energienutzung, so lässt sich argumentieren, könnte Deutschland bei dauerhaft steigenden Energiepreisen sogar einen Wettbewerbsvorteil erringen.

13 Im Frühjahr 2006 ließ Außenminister Steinmeier in seinem Haus ein Papier zur »Energiesicherheitspolitik« verfassen und es ausgewählten Journalisten zukommen. Gewarnt wird darin, vor künftigen Kriegen um Öl und Erdgas, plädiert wird für eine stärker an diesen Faktoren ausgerichtete Politik. Ralf Beste, »Kalter Krieg«, *Der Spiegel*, 25. Februar 2006, S. 32.

14 Bundesministerium der Verteidigung, *Weißbuch 2006*, S. 29.

15 Ebd., S. 90.

16 Military Capabilities Commitment Conference, *Declaration on European Military Capabilities*, Brüssel, 22 Novembre 2004; Christian Mölling, *EU-Battlegroups: Stand und Probleme der Umsetzung in Deutschland und für die EU*, Diskussionspapier, Berlin: Stiftung Wissenschaft und Politik, März 2007; Gustav Lindstrom, *Enter the EU Battlegroups*, Institute for Security Studies, Chaillot Paper No. 97, Paris: European Union, Februar 2007.

17 *European Defence. A Proposal for a White Paper*, Report of an Independent Task Force, Institute for Security Studies, Paris: European Union, Mai 2004, S. 78.

18 Ebd., S. 83.

19 In dem Dokument wird ausdrücklich darauf verwiesen, dass für solch ein Szenario kein Mandat des UN-Sichereitsrats vorgesehen ist. Stattdessen solle die EU dann eingreifen, wie auch in der EU-Sicherheitsstrategie vorgesehen, wenn dies »im Einklang mit der UN-Charta« sei.

20 Bundesministerium der Verteidigung, *Weißbuch 2006*, S. 89.

21 Siehe dazu die Karte auf Seite 172.

Kapitel 4

1 Zum Aufbau der US-Eingreiftruppen siehe: Paul Rogers und Malcolm Dando, *A Violent Peace: Global Security after the Cold War*, London: Brassey's, 1992, S. 78–79.

2 »Nebenregierung im Pentagon«, Interview mit Chalmers Johnson, *die tageszeitung*, 19. November 2003, S. 5.

3 »Address before a Joint Session of Congress, 23 January 1980«, *Department of State Bulletin*, Vol. 80, No. 2035, Februar 1980.

4 The White House, *The National Security Strategy of the United States*, September 2002, S. 6 und 15.

5 »Struck stellt weitere Rüstungsprojekte auf den Prüfstand«, Agence France Presse, 5. Dezember 2002.

6　Report of the Commission on Intergrated Long-Tearm Strategy, *Dicrimi-nate Deterrence. Report of the Commission on Intergrated Long-Tearm Stra-tegy*, Washington. DC: U.S. Government Printing Office, Januar 1988, S. 3.

7　Der Regierung in Bagdad wurde u.a. ein privilegierter Zugang zu US-Satel-liteninformationen gewährt.

8　*The Military Ballance 2008*, London: International Institute for Strategic Studies, 2008, S. 19.

9　Joseph Stiglitz und Linda Bilmes, *Die wahren Kosten des Krieges: Wirtschaft-liche und politische Folgen des Irak-Konflikts*, München: Pantheon Verlag, 2008.

10　*The Military Ballance 2008*, S. 448.

11　Department of Defense, *Active Duty Personnel Strengths by Regional Area and by Country*, 30. Juni 2008.

12　Ebd.

13　Chalmers Johnson, »Zurück zur Demokratie«, *Die Zeit*, 16. Oktober 2008; »Nebenregierung im Pentagon«, Interview mit Chalmers Johnson, *die ta-geszeitung*, 19. November 2003, S. 5.

14　Jeremy Scahill, *Blackwater. Der Aufstieg der mächtigsten Privatarmee der Welt*, München: Verlag Antje Kunstmann, 2008, S. 18.

15　Ebd, S. 18 und 299.

16　Chalmers Johnson, *Der Selbstmord der amerikanischen Demokratie*, Mün-chen: Blessing Verlag, 2003.

17　Lawrence J. Korb, »The Impact of the Persian Gulf War on Military Budgets and Force structure«, in: Joseph S. Nye, Jr und Roger K. Smith (Hg.) *After the Storm: Lessons from the Gulf War*,Landham, MD: Madison Book, 1992, S. 221–239; Ron Huisken, *Iraq: Why a Strategic Blunder Looked so Attrac-tive*, Strategic & Defence Studies Centre, Australian national University, Working Paper Nr. 399, Canberra, März 2006, S. 3-4.

18　John R. MacArthur, *Second Front: Censorship and Propaganda in the 1991 Gulf War* Berkeley: University of California Press, 1992.

19　Jon Trux, »Desert storm: A space-age war«, *New Scientist*, Nr. 1779, 27 Juli 1991.

20　Eric Chauvistré, »Wem gehören die künstlichen Sterne?«, *Frankfurter Rundschau*, 25. November 1994, S. 12.

21　Von den 370 Toten starben nach Angaben des Pentagon 148 während des Kampfeinsatzes (»killed in action«). Weitere 222 Soldaten kamen durch Unfälle (»non-battle deaths«) während und in der Vorbereitung des Kriegs zu Tode. Department of Defense, *Conduct of the Persian Gulf Conflict: An Interim Report to Congress*, Washington, DC: U.S. Government Printing Of-fice, Juli 1991, S. 27.1.

22　Vgl. »Der Krieg ist Theater«, Interview mit Mary Kaldor, *die tageszeitung*, 21. Mai 2003, S. 4.

23　John Pike, »Theater Missile Defense Programs; Status and Pospects«, *Arms

Control Today, Vol. 24, No. 7, September 1994, S. 11. Nicht zu verwechseln ist das »Wüstensturm-Syndrom« (*Desert Storm Syndrom*) mit dem »Golfkriegs-Syndrom« (*Gulf War Syndrom*). Mit letzterem werden in der Regel Krankheitssymptome von US-Soldaten bezeichnet, die 1991 in Saudi Arabien und Kuwait im Einsatz waren. Ursache soll der Kontakt mit Neurotoxinen gewesen sein. Research Advisory Committee on Gulf War Veterans' Illnesses, *Gulf War Illness and the Health of Gulf War Veterans: Scientific Findings and Recommendation*, Washington, D. C.: U. S. Government Printing Office, November 2008.

24 Eric Chauvistré, »Der ewige Traum von der Unverwundbarkeit«, *Frankfurter Rundschau*, 28. März 2001.

25 *European Defence. A Proposal for a White Paper*, Report of an independent Task Force, Institute for Security Studies, Paris: European Union, Mai 2004, S. 83.

26 Am pointiertesten wurde diese bereits 1975 von dem britisch-australischen Konfliktforscher Andrew Mack beschrieben: Andrew Mack, »Why Big Nations Lose Small Wars: The Politics of Asymmetric Conflict«, *World Politics*, Vol. 28, No. 2, Januar 1975, S. 175–200.

27 Eric Chauvistré, »Wir haben von Vietnam gelernt«, *die tageszeitung*, 13. Oktober 2001, S. 5.

28 »Outsourcing«, *Spiegel Wissen Lexikon*, wissen.spiegel.de.

29 Department of the Army, *Army Special Operations Forces Unconventional Warfare, Field Manual No. 3-05.130*, September 2008, p. I-3.

30 Eric Chauvistré, »Sichtbar: Unsichtbare Einsätze«, *die tageszeitung*, 22. Oktober 2001, S. 4.

31 Eric Chauvistré, »Geheimkommando Packesel«, *die tageszeitung*, 19. November 2001, S. 2.

32 Department of the Army, a.a.O.

33 »Militär nutzt immer weniger«, Interview mit Gwynne Dyer, *die tageszeitung*, 17. Oktober 2008, S. 4.

34 »Erschrecken und Ehrfurcht«, *die tageszeitung*, 19. März 2003, S. 6.

35 Department of the Army, a.a.O.

36 Siehe exemplarisch dazu: Peter Schneider, »Zeit der Rechthaber«, *Der Spiegel*, Nr. 35, 26. August 2002, S. 168.

37 Den besten Überblick bietet: www. icasualties.org. Die *New York Times* veröffentlicht unter dem Titel »Names of the Dead«, nahezu täglich, die Namen der zuletzt getöteten Soldaten sowie die Gesamtzahl der bis dahin im Irak umgekommenen US-Militärs.

38 Ute Scheub, »Sterbefeld Deutschland«, *die tageszeitung*, 7. Juli 2008, S. 4.

39 Terri Taielian und Lisa H. Jaycox (Hg.), *Invisible Wounds of War: Psychological and Cognitive Injuries, Their Consequences, and Services to Assist Recovery*, Santa Monica: RAND, 2008.

40 Erik Eckholm, »Surge Seen in Number of Homeless Veterans«, *The New*

York Times, 8. November 2007; Anna Badkhen, »Shelters take many vets of Iraq, Afghan wars«, *Boston Globe*, 7. August 2007.

41 www.iraqbodycount.org und www.icasualties.org.

42 Muriel Asseburg, »Falsche Signale in der Diskussion über Irak-Flücht-linge«, *Berliner Zeitung*, 6. Juni 2008, S. 4.

43 Office of the United Nations High Commissioner for Refugees, *2007 Global Trends: Refugees, Asylum-seekers, Returnees, Internally Displaced and Stateless Persons*, Geneva: UNHCR, June 2008, S. 8.

44 Ein Jahr zuvor waren bereits 140 Sanitätssoldaten der Bundeswehr im Rahmen der UN-Mission in Kambodscha im Einsatz.

45 Zitiert nach: Bettina Gaus, »Landung bei den somalischen ›Haien‹«, *die tageszeitung*, 10. Dezember 1992, S. 11.

46 James Dobbins, John G. McGinn, Keith Crane, Seth G. Jones, Rollie Lal, Andrew Rathmell, Rachel Swanger, and Anga Timilsina, *America's Role in Nation-Building: From Germany to Iraq*, Santa Monica, CA: RAND, 2003, S. 55 – 70. Bettina Gaus, »Was wurde eigentlich aus Somalia?«, *die tageszeitung*, 27. September 2008, S. 28.

47 James Dobbins, John G. McGinn, Keith Crane, Seth G. Jones, Rollie Lal, Andrew Rathmell, Rachel Swanger, and Anga Timilsina, *America's Role in Nation-Building: From Germany to Iraq*, Santa Monica, CA: RAND, 2003, S. 69.

48 National Intelligence Council, *Global Trends 2008: A Transformed World*, *NIC 2008–003*, Washington, DC: US Government Printing Office, November 2008, S. 61 – 74.

Kapitel 5

1 Deutscher Bundestag, Stenographischer Bericht, 13. Wahlperiode, 16. Oktober 1998, S. 23142.

2 Joschka Fischer, *Die rot-grünen Jahre: Deutsche Außenpolitik vom Kosovo bis zum 11. September*, München: Knaur Taschenbuch, 2008, S. 166.

3 Unites States General Accounting Office, *Kosovo Air Operations: Need to Maintain Alliance Cohesion Resulted in Doctrinal Departures*, Report to Congressional Requesters, Washington, DC, Juli 2001, GAO-01-784. Das General Accounting Office (GAO) wird in der Regel mit dem Bundesrechnungshof gleichgesetzt, seine Kompetenzen reichen jedoch weit über die seines deutschen Pendants hinaus. Geprüft wird nicht nur die ordnungsgemäße Verwendung von Haushaltsmitteln, sondern auch das effektive Handeln von Regierungsinstitutionen.

4 Unites States General Accounting Office, *Kosovo Air Operations: S. 6.*

5 John Keegan, »Please, Mr Blair, never take such a risk again«, *The Telegraph*, 6. Juni 1999.

6 »Schröder-Erklärung zu Kosovo im Wortlaut«, Reuters, 24. März 1999.

7 Press Conference by Secretary General, Dr. Javier Solana and SACEUR, Gen Wesley Clark, 25. März 1999, 15:00 Uhr.

8 »Improving Joint Operations: Lessons from Kosovo, 1999«, *RAND research brief*, RB-3031-A (2002); Bruce R. Nardulli, Walter L. Perry, Bruce Pirnie, John Gordon IV und John G. McGinn, *Disjointed War: Military Operations in Kosovo, 1999*, RAND Arroyo Center, 2002, MR-1406-A.

9 Erst als die negativen Meldungen über Fehltreffer zunahmen, wurde bei Angriffen im Gebiet des Kosovo gelegentlich in niedrigeren Höhen geflogen.

10 Karl Gersuny, »Die Panzer-Attrappen sicher im Visier«, *die tageszeitung*, 21. Juli 1999, S. 2.

11 Britische Militärexperten äußerten zudem nach dem Kosovokrieg die Vermutung, die NATO habe lieber Fabriken und Brücken als militärische Stellung anvisiert, weil letztere besser durch Flugabwehr gesichert gewesen wären. Karl Gersuny, »Die Panzer-Attrappen sicher im Visier«, *die tageszeitung*, 21. Juli 1999, S. 2.

12 »Zeitung: NATO traf in elf Wochen nur 13 serbische Panzer im Kosovo«, Agence France Presse, 24. Juni 1999.

13 *Frieden und Menschenrechte vereinbaren! Für einen Frieden im Kosovo der seinen Namen zu Recht trägt!*, Beschluss der 2. Außerordentlichen Delegiertenkonferenz, Bielefeld, 13. Mai 1999, S. 5.

14 Walter Spindler, »Der Beitrag der Bundeswehr zur Lösung des Kosovo-Konflikts«, Erich Reiter (Hg.), *Jahrbuch Sicherheitspolitik 2000*, Hamburg: Verlag E. S. Mittler, 2000. Siehe auch: »Friedensschaffende Einsätze«, 28. Oktober 2008, www.einsatz.bundeswehr.de.

15 Deutscher Bundestag – 14. Wahlperiode – 32. Sitzung. Bonn, Donnerstag, den 15. April 1999, S. 2623.

16 Ebd., S. 2639.

17 Ausgerechnet das Handlungsanweisung der US-Streitkräfte zur Aufstandsbekämpfung, geschrieben vor allem für den Einsatz im Irak, bietet eine lohnende Lektüre über die Strategie und wirtschaftliche Überlebensfähigkeit von Guerillaarmeen. Headquarters of the Army, *Counterinsurgency*, FM 3–24, Washington, December 2006, S. 1.1–1.11.

18 Walter Mayr, »Elefanten vor dem Wasserloch«, *Der Spiegel*, Nr. 17, 21. April 2008, S. 128–138, insb. S. 136; United Nations Office on Drugs and Crime, *World Drug Report 2008*, Wien 2008, insb. S. 11.

19 Siehe dazu: Christoph Reuter, »Mafia-Staat von UN-Gnaden«, *stern.de*, 29. Februar 2008.

20 Walter Mayr, »Elefanten vor dem Wasserloch«, S. 128.

21 Bernhard Chiari, »Zurück in den Krieg? Die Unruhen vom März 2004«, *Kosovo – Wegweiser zur Geschichte*, 3. Auflage, im Auftrag des Militärgeschichtlichen Forschungsamts herausgegeben von Bernhard Chiari und Agilolf Keßelring, Paderborn: Schöningh, 2008, S. 103–111.

22 Silvia Stöber, »Gespannte Ruhe im Land der Tankstellen«, *tagesschau.de*, 23. Juni 2008.

23 Ebd.

24 Martin Leithner, »Sicherheit und Stabilität. Aktuelle Überlegungen zur Lage«, *Kosovo – Wegweiser zur Geschichte*, 3. Auflage, im Auftrag des Militärgeschichtlichen Forschungsamts herausgegeben von Bernhard Chiari und Agilolf Keßelring, Paderborn: Schöningh, 2008, S. 226.

25 Eine ebenso präzise wie anschauliche Darstellung der hier beschriebenen Dilemmata findet sich bei: Andreas Heinemann-Grüder, »Auslandseinsätze der Bundeswehr – Anspruch und Wirklichkeit«, Corinna Hauswedell (Hg.), *Welche Sicherheit, für wen und mit welchen Mitteln? – »Erweiterte Sicherheit« und das neue Weißbuch in der Diskussion*, Loccumer Protokolle 76/06, Rehburg-Loccum, Evangelische Akademie Loccum, 2008, S. 133–148.

26 Deutscher Bundestag, Drucksache 14/7930, 21. Dezember 2001.

27 Vgl. Eric Chauvistré, »Gewollt ziellos«, *die tageszeitung*, 31. Dezember 2001, S. 19.

28 Eine Chronologie des deutschen ISAF-Einsatzes findet sich auf der Website des Einsatzführungskommandos der Bundeswehr: »Chronologie des Einsatzes in Afghanistan (ISAF)«, www.einsatz.bundeswehr.de.

29 Dieser Abschnitt basiert in Teilen auf: Eric Chauvistré, »Einsatz ohne Ausstiegsplanung«, *die tageszeitung*, 27. August 2003, S. 1.

30 Conrad Schetter, »Die Taliban und die Neuordnung Afghanistans«, *Afghanistan – Wegweiser zur Geschichte*, 2. Auflage, im Auftrag des Militärgeschichtlichen Forschungsamts herausgegeben von Bernhard Chiari, Paderborn: Schöningh, 2007, S. 87.

31 Deutscher Bundestag, Drucksache 16/2380, 9. Juni 2006, S. 8–9.

32 Deutscher Bundestag, Drucksache 16/10473, 7. Oktober 2008, S. 2.

33 Vgl. Bernhard Chiari ‚«Von Helmand nach Kabul: Zur Entwicklung der Sicherheitslage bis März 2007«, *Afghanistan – Wegweiser zur Geschichte*, 2. Auflage, im Auftrag des Militärgeschichtlichen Forschungsamts herausgegeben von Bernhard Chiari, Paderborn: Schöningh, 2007, S. 98.

34 Die Bundesregierung, *Das Afghanistan-Konzept der Bundesregierung*, Berlin, August 2007, S. 35.

35 Siehe dazu: Ewin Orywal, »Krieg und Kampf in Afghanistan«, *Afghanistan – Wegweiser zur Geschichte*, 2. Auflage, im Auftrag des Militärgeschichtlichen Forschungsamts herausgegeben von Bernhard Chiari, Paderborn: Schöningh, 2007, S. 169–177.

36 *Report on Progress toward Security and Stability in Afghanistan, Report to Congress in Accordance with the 2008 US National Defense Authorization Act* (Section 1230, Public Law 110181) Washington, US Department of Defense, Juni 2008, S. 6–7.

37 J. Michael McConnell, Director of National Intelligence, *Annual Threat As-*

sessment of theIntelligence Community for the Senate Armed Services Committee, 27. Februar 2008.

38 Ebd.

39 The situation in Afghanistan and its implications for international peace and security, Report by the Secretary-General, A/62/722-S/2008/159, United Nations, 6. März 2008, S. 1.

40 International Committee of the Red Cross, »Humanitarian situation worsens as Afghan hostilities spread«, 18. Februar 2008, www.icrc.org.

41 »Jung verschärft Schutzmaßnahmen für Bundeswehr in Afghanistan«, Deutsche Presseagentur, 29. Juni 2006.

42 Siehe dazu auch: Alexander Szandar, »Der Discountkrieg«, Der Spiegel, Nr. 21/2007, 8. Oktober 2007, S. 32.

43 »Das Provincial Reconstruction Team Feyzabad«, 11. Oktober 2007, www.einsatz.bundeswehr.de.

44 Conrad Schetter, »Die Taliban und die Neuordnung Afghanistans«, Afghanistan – Wegweiser zur Geschichte, 2. Auflage, im Auftrag des Militärgeschichtlichen Forschungsamts herausgegeben von Bernhard Chiari, Paderborn: Schöningh, 2007, S. 84.

45 Bernhard Chiari, »Von Helmand nach Kabul«, S. 109.

46 Thomas Ruttig, Afghanistan: Institutionen ohne Demokratie. Strukturelle Schwächen des Staatsaufbaus undAnsätze für eine poliische Stabilisierung, Berlin, Stiftung Wissenschaft und Politik, Juni 2008, S. 21.

47 »Ein paar mehr Bataillone«, Interview mit Dan McNeill, Der Spiegel, 24. September 2007, S. 132.

48 »Militär nutzt immer weniger«, Interview mit Gwynne Dyer, die tageszeitung, 17. Oktober 2008, S. 4.

49 Man müsse die ISAF-Truppen »auf nicht weniger als 200 000 Mann aufstocken, und zwar nicht nur für ein Jahr, sondern für fünf oder zehn Jahre.« Selbst dann gäbe es, so Bahr, » keine Garantie für einen Erfolg.«; »Demokratie darf nicht Haupt-Exportgut sein«, Interview mit Egon Bahr, Welt Online, 11. August 2007.

50 Susanne Koelbl, »In der Falle«, Der Spiegel, Nr. 32, 13. Oktober 2008, S. 123.

51 Andreas Schockenhoff, Deutsche Interessen am erfolgreichen Wahlprozess im Kongo, 15. März 2006, S. 2.

52 Deutscher Bundestag, Stenographischer Bericht, 16. Wahlperiode, 36. Sitzung, 19. Mai 2006, S. 3110.

53 Siehe auch: Alexander Szandar, »Allergrößte Zweifel«, Der Spiegel, Nr. 12/2006, S. 30; Hans-Jürgen Schlamp und Alexander Szandar, »Fallschirmjäger nach Kinshasa?«, Der Spiegel, Nr. 5/2006, S. 25.

54 Deutscher Bundestag, Drucksache 16/1507, 17. Mai 2006.

55 Konstantin von Hammerstein, Hans-Jürgen Schlamp, Alexander Szandar und Thilo Thielke, »Der Kongo-Bluff«, Der Spiegel, Nr. 10/2006, S. 40–41; Ulrike Demmer, »Charmeure in Uniform«, Der Spiegel, Nr. 29/2006, S. 34.

56 Kritik an Kongo-Kommandant wegen Urlaubsreise«, Associated Press, 27. August 2008; Kongo-Kommandeur war im Urlaub mit seiner Lebensgefährtin«, Associated Press, 29. August 2008.

57 »Bei einem Völkermord müssen wir 100 000 Mann in den Kongo schicken«, Interview mit Hans-Ulrich Klose, *Spiegel Online*, 22. November 2008.

Kapitel 6

1 Die Angaben über von den NATO- und US-Streitkräften genutzten Stützpunkten beziehen sich auf globalsecurity.org, einen Informationsdienst des renommierten Washingtoner Rüstungsforschers John Pike.

2 Siehe dazu die Karte auf Seite 172.

3 Deutscher Bundestag, Drucksache 16/1759, 6. Juni 2006, S. 4.

4 Deutscher Bundestag, Drucksache 16/9920, 4. Juli 2008, S. 1.

5 Amnesty International, *Amnesty Report 2008*, Usbekistan, www.amnesty.de.

6 Human Rights Watch, *Saving its Secrets: Government Repression in Adijan*, New York, Mai 2008, S. 1.

7 Committee against Toture, *Considerations of reports submitted by States Parties under article 19 of the Convention, Conclusions and recommendations of the Committee against Torture*, Uzbekistan, Geneva, 5–23 November 2007, CAT/C/UZB/CO/3, 26. Februar 2008.

8 U.S. Department of State, Country Reports on Human Rights Practices, www.state.gov.

9 Deutscher Bundestag, Drucksache 16/1759, 6. Juni 2006, S. 8.

10 Jochen Bittner, Andrea Böhm, Helene Bubrowski, Christian Denso und Michael Thumann, »Befleckte Freundschaft«, *Die Zeit*, 4. Dezember 2008, S. 10-11.

11 Auswärtiges Amt, *8. Bericht der Bundesregierung über ihre Menschenrechtspolitik in den auswärtigen Beziehungen und in anderen Politikbereichen*, Berlin, 2008, S. 308–309.

12 Ebd., S. 202–203.

13 Die Bundeswehr verbrauchte z. B., so ergab die Anfrage einer FDP-Abgeordneten, im Jahr 2007 allein 990 000 Liter »Bier und Biermixgetränke« und 69 000 Liter Wein und Sekt. Deutscher Bundestag, Drucksache 16/10945, 14. November 2008, Antwort auf Frage 60 (Abgeordnete Elke Hoff, FDP), S. 38–39.

14 Richard A Oppel Jr. Und Pir Zubair Shah, »Amid Taliban Rule, a NATO Supply Line Is Choked«, *The New York Times*, 24. Dezember 2008, S. A6.

15 Jeremy Page, »Russian threat to NATO supply route in Afghanistan«, *The Times*, 26. August 2008.

16 *Politische Grundsätze der Bundesregierung für den Export von Kriegswaffen und sonstigen Rüstungsgütern*, 19. Januar 2000.

17 Rüstungsexportbericht der Gemeinsamen Konferenz Kirche und Entwicklung (GKKE), S. 34 und 45. Der Bericht wurde am 8. Dezember 2008
der Öffentlichkeit vorgestellt. Da ein offizieller Bericht der Bundesregierung zu diesem Zeitpunkt nicht vorlag, haben die Autoren ihre Daten aus
Antworten der Bundesregierung auf parlamentarische Anfragen und aus
diversen anderen öffentlich zugänglichen Quellen zusammengestellt.

18 »Wir sind engagierter als früher«, Interview mit Christian Rück, *die tageszeitung*, 9. Dezember 2008, S. 2.

19 Die Bundesregierung, *Das Afghanistan-Konzept der Bundesregierung*, Berlin, August 2007.

20 Robert D. Blackwill und Albert Carnesale (Hg.), *New Nuclear Nations: Consequences for U.S. Policy*, New York: Council on Foreign Relations, 1993,
S. 3–19.

21 John H. Herz, *International Politics in the Atomic Age*, New York: Columbia
University Press, 1959, S. 95.

22 Siehe dazu die zitierten Stimmen in: Eric Chauvistré, »Attraktiv wie nie«,
die tageszeitung, 28. April 2003, S. 7.

23 *The National Security Strategy of the United States of America*, Washington,
DC, 17. September 2002, S. 15.

Kapitel 7

1 Siehe dazu die Karte auf Seite 172.

2 »Schritt für Schritt in den Krieg«, *Der Spiegel*, Nr. 17/1993, 11. Oktober
1993, S. 181–183.

3 Eric Chauvistré, »Gewollt ziellos«, *die tageszeitung*, 31. Dezember 2001, S. 19.

4 Aufschlussreich sind die vom Einsatzführungskommando der Bundeswehr selbst erstellten Berichte: »Wie kann ich mich vor Sprengfallen
schützen?« 4. Dezember 2008, und »Durch das wilde Badakhshan«,
23. März 2007, www.einsatz.bundeswehr.de.

5 Siehe dazu die Reportage im Verbandsorgan der Bundeswehr-Reservisten:
Marcor Seliger und Knut Müller, »Jede Patrouille kann die letzte sein«, *Lo-
yal*, Nr. 6, Juni 2008, S. 8–14.

6 Dies war etwa der Fall nach einem Selbstmordanschlag in Kundus im Mai
2007. *Unterrichtung durch den Wehrbeauftragten, Jahresbericht 2007*,
Deutscher Bundestag, Drucksache 16/8200, 4. März 2008, S. 12.

7 Mark Mazetti und Eric Schmitt, »U.S. is said to Warn of Crisis in Afghanistan«, *The New York Times*, 9. Oktober 2008, S. A1.

8 Carlotta Gall, »Afghanistan Tests Waters for Overture to Taliban«, *The New
York Times*, 30. Oktober 2008, S. A6; John F. Burns, »Karzei Offers Safe Pas-
sage to Taliban Leader if He Agrees to Talks«, *The New York Times*, 16. November 2008, S. A7.

9 Dexter Filkins, »Afghans and U. S. Plan to Recruit Local Militias«, *The New York Times*, 24. Dezember 2008, S. A1.

10 »›Al-Qaida ist stärker als vor dem 11.9.2001‹, sagt Richard Clarke«, Interview mit Richard Clarke, *die tageszeitung*, 9. Juni 2004, S. 12.

11 »Operation ›Enduring War‹«, *die tageszeitung*, 27. September 2001, S. 1.

12 »Schritt für Schritt in den Krieg«, *Der Spiegel*, Nr. 17, 11. Oktober 1993, S. 181–183.

13 Siehe dazu auch: Eric Chauvistré, »Einsatzkosten Afghanistan: Dingos, Drohnen und Auslandszulagen«, *stern.de*, 12. Oktober 2007.

14 »Polen ist dabei, Europa zu spalten«, Interview mit Egon Bahr, *sueddeutsche.de*, 22. Juni 2007.

15 Siehe Kapitel 3 dieses Buchs.

16 Siehe z. B: CSU-Landesgruppe im Deutschen Bundestag, *Deutschlands Interessen und Deutschlands Verantwortung in der Welt*, Beschluss Klausurtagung vom 08–10. Januar 2007 in Wildbad Kreuth; Winfried Nachtwei (Grüne), *Thesen und Kriterien zu Auslandseinsätzen der Bundeswehr*, 12. Februar 2007.

17 Die USA gaben 2006 pro Kopf 1 796 Dollar aus, Deutschland im selben Jahr 458 Dollar pro Einwohner. *The Military Ballance 2008*, London: International Institute for Strategic Studes, 2008, S. 443 und 448.

18 Joseph Stiglitz und Linda Bilmes, *Die wahren Kosten des Krieges: Wirtschaftliche und politische Folgen des Irak-Konflikts*, München: Pantheon Verlag, 2008, S. 75–104.

19 Paul Nolte ruft beispielsweise zu einer Auseinandersetzung mit der Bundeswehr auf, gibt aber das Ergebnis vor: eine Akzeptanz der Politik militärischer Interventionen und eine stärkere politische Rolle der Bundeswehr. Paul Nolte, »Fremde Soldaten«, *Der Spiegel*, Nr. 48, 24. November 2008, S. 148.

Ulrich Schäfer
Der Crash des Kapitalismus
Warum die entfesselte
Marktwirtschaft scheiterte

2008, 320 Seiten
ISBN 978-3-593-38854-0

Steht die Wirtschaft am Abgrund – und wir mit ihr?

Die neue Weltwirtschaftskrise vernichtet Milliarden, macht Konzerne zahlungsunfähig, bedroht Arbeitsplätze, gefährdet unzählige Existenzen und zeigt, dass die entfesselte Marktwirtschaft gescheitert ist – mit gefährlichen Folgen für unsere Gesellschaft: Sie driftet auseinander, die Kluft zwischen Reich und Arm wächst und die Mittelschicht packt die Angst vor dem Abstieg. Der Wirtschaftsexperte Ulrich Schäfer erzählt die dramatische Geschichte vom Crash des Kapitalismus. Packend und kenntnisreich hilft er uns, seine langfristigen Ursachen zu verstehen. Und er zeigt, was wir jetzt tun müssen, damit Wirtschaft und Gesellschaft wieder festen Boden unter die Füße bekommen.

Mehr Informationen unter
www.campus.de

Frankfurt · New York